Pédagogie pratique

Mise à jour 2018

Cycles 2 et 3

Remplacer du CP au CM2

Lucile Peuchin

RETZ
editions-retz.com

Illustrations : Loïc Méhée

Direction éditoriale : Céline Lorcher
Édition : Charlotte Aussedat, Gabrielle Merizzi
Maquette : Nicolas Piroux
Mise en pages : Grafatom
Corrections : Christel Desmaris
Photo de couverture : © iStock/Platinus

N° de projet : 10285855 - Dépôt légal : janvier 2019 - N° 202205.0123
Achevé d'imprimer en France en mai 2022 sur les presses de l'imprimerie CHIRAT

ISBN 978-2-7256-3706-8

MIXTE
Papier issu de sources responsables
FSC® C022030
FSC www.fsc.org

Sommaire

Présentation générale

Vous êtes remplaçant·e

Au programme : une journée dans une classe

Les séquences

Français

• Lecture / littérature

Se situer dans le temps / Histoire

EMC

Se situer dans l'espace / Géographie

Enseignements artistiques

Présentation générale

Vous êtes remplaçant·e

« Félicitations ! »

Être remplaçant... c'est parfois un choix, parfois non... C'est un métier passionnant qui réserve des surprises pour chaque jour et qui laisse une large part à l'improvisation ; un métier riche d'échanges et de contacts ; un métier qui oblige sans cesse à se renouveler. Chaque nouveau remplacement est une nouvelle aventure !

Le métier de remplaçant

« Et toi ? Tu as quelle classe ? »

Les types de postes

Il existe différents types de postes : tous les maitres remplaçants n'assurent pas les mêmes missions.

• Vous êtes sur **un poste de ZIL** (Zone d'Intervention Localisée).

En principe, vous assurerez des remplacements courts dans un rayon de 20 km autour de votre résidence administrative. Vous pourrez toutefois assurer des remplacements plus longs ou plus éloignés, lorsque aucun brigadier ne sera disponible.

• Vous êtes **brigadier de circonscription.**

Vous assurerez des remplacements courts ou longs dans la limite géographique de votre circonscription.

• Vous êtes **brigadier départemental.**

Vous assurerez des remplacements courts ou longs dans la limite géographique de votre département.

Quel que soit votre poste, vous êtes rattaché à une école. Vous qui vous déplacez beaucoup, cette école est votre point fixe, votre « base ». Vous vous y rendez à la prérentrée et vous y recevez les documents administratifs. C'est là également que vous devez vous rendre dans le cas où vous n'avez pas de remplacement : vous assurerez alors une aide pédagogique.

Le remplaçant, un professeur comme les autres ?

Comme les autres professeurs des écoles ou instituteurs, vous avez pour mission d'organiser et de conduire des activités d'enseignement avec vos élèves. Mais à la différence de vos collègues, vous n'êtes pas titulaire d'une classe et les changements d'école vont vous obliger à vous adapter sans cesse pour trouver votre place...

Accepter l'improvisation

À chaque nouveau remplacement, tout change : les niveaux de classe, les organisations d'école, les méthodes d'apprentissage et les élèves ! Il est indispensable de rester détendu face aux petits ou aux grands imprévus : si l'école est introuvable, prenez votre temps et demandez votre chemin ; si vous êtes très en retard, détendez-vous plutôt que de compter les minutes ; si le titulaire a prévu une séance que vous ne vous sentez pas capable de mener sans préparation, ce n'est pas grave, la séance sera tout simplement faite un autre jour.

Trouver sa place

Trouver votre place dans les écoles se joue à différents niveaux. Il est bien sûr important de s'imposer vis-à-vis des élèves, nous y reviendrons dans le chapitre sur l'autorité.

Il est important aussi de se positionner vis-à-vis des parents qu'un remplacement inquiète toujours un peu. Informez-les de la durée du remplacement par un petit mot et n'hésitez pas à prendre contact avec eux si nécessaire.

Il vous faut enfin trouver votre place dans les différentes équipes pédagogiques. Certaines écoles travaillent beaucoup en équipe, d'autres moins. Allez vers vos collègues, échangez avec eux vos impressions sur la classe et n'hésitez pas à leur demander des renseignements ou des conseils (sur les élèves, la pédagogie, les méthodes, etc.).

Organisation matérielle

Être remplaçant impose une organisation matérielle particulière. Vous devez être prêt à tout, mais vous ne pouvez pas emporter votre bibliothèque avec vous. Il va donc falloir vous limiter !

Voici une petite liste qui regroupe l'essentiel du matériel :

- Emportez les programmes et le présent livre.
- Pensez à prendre un classeur pour les documents que vous allez recevoir de l'inspection ou de l'école. N'oubliez pas votre feuille de route à faire signer par le directeur, si vous êtes brigadier de circonscription ou brigadier départemental.
- Préparez un petit mot à distribuer aux élèves, par exemple :

> *Chers parents,*
> *L'enseignant de votre enfant M. ....*
> *est absent.*
> *Il est remplacé par M. / Mme ....*

- Il est utile d'avoir du petit matériel. Prévoyez des craies et des feutres pour tableau blanc : cela vous évitera de chercher dès votre arrivée la réserve de craie dans toutes les armoires de la classe (souvent fermées à clé). Pensez aussi aux aimants et aux trombones.
- Vous pouvez également amener une clé USB pour collecter les différentes ressources de l'école.
- Il faut prévoir un sac de piscine pour une éventuelle séance de natation. Vous pouvez plastifier vos fiches de préparation sur la natation pour pouvoir les emporter avec vous sans les abimer.
- Prenez dans votre sac un ou deux albums de littérature de jeunesse pour proposer une lecture offerte : les élèves seront ravis.
- Enfin, n'oubliez pas une carte du département et éventuellement un GPS !

Une journée réussie

Qu'est-ce qu'un remplacement réussi ?

Une période très courte dans une classe peut parfois laisser insatisfait. Pour savoir si votre intervention a été un succès, vous pouvez vous poser les questions suivantes :

Le travail laissé par le maitre titulaire a-t-il été réalisé ?

Les élèves ont-ils appris quelque chose ?

Les traces écrites sont-elles corrigées ?

Les activités commencées sont-elles terminées ?

Un cahier journal est-il laissé sur la table pour informer l'enseignant titulaire du travail réalisé ?

L'autorité

« La maitresse, elle est sévère ! »

Qu'est-ce que l'autorité ? La construction d'une relation enseignant-élève fondée sur le respect mutuel est la clé d'un enseignement réussi. Cet équilibre est toujours complexe à construire. Lorsque la classe est inconnue et possède déjà son fonctionnement propre, cela peut devenir un véritable défi. L'élève doit accepter la légitimité du maitre et le respecter, mais il doit aussi se sentir en confiance et respecté.

Se positionner en tant que maitre remplaçant

L'arrivée en classe

Pour les élèves, l'arrivée d'un remplaçant est une situation inhabituelle. Certains se réjouissent de rompre pendant quelques jours avec les habitudes quotidiennes, d'autres sont un peu inquiets. Pensez à vous présenter et à expliquer les causes et la longueur du remplacement.

Vous allez apprendre à connaitre vos élèves. Pendant l'appel, vous pouvez faire un plan de la classe afin de pouvoir les appeler d'emblée par leur prénom. Ainsi, ils se sentiront pris en compte et vous éviterez d'avoir à leur faire écrire des étiquettes-prénoms dont le principal défaut est de tomber au premier courant d'air !

Si un élève répond à l'appel de manière impolie, n'hésitez pas à vous arrêter et à le faire répondre correctement. N'ayez pas peur de perdre du temps, ces minutes sont importantes pour la construction d'un respect mutuel, et il est normal que certains élèves testent les limites.

Enfin, lancez rapidement une activité. Évitez de commencer par une activité du type coloriage ou dessin. Les élèves doivent comprendre que vous n'êtes pas là pour les occuper mais que vous êtes un enseignant comme un autre avec lequel ils vont pouvoir progresser.

Les exigences du maitre

Trop exigeant, pas assez... les habitudes de classe dépendent beaucoup de la personnalité de l'enseignant. Quelles que soient vos attentes, il est nécessaire de les exprimer clairement aux élèves.

Instaurez des moments de calme. Il est important de commencer ou de terminer la classe dans le calme. Si vous le souhaitez, vous pouvez faire se ranger les élèves avant d'entrer en classe. Le fait d'inciter à respecter les rangs permet parfois de faire retomber l'énervement et de jouer le rôle de transition. Avant de sortir, vous pouvez leur faire réciter une comptine calme, chanter une chanson ou tout simplement leur demander quelques instants de silence avant de leur souhaiter une bonne récréation ou un bon appétit. Cette exigence de calme est utile également entre deux activités.

Exigez des élèves qu'ils s'impliquent dans les activités que vous mettez en place. Pour eux, le rapport entre le remplaçant et le titulaire de la classe n'est pas toujours clair. Montrez-leur la continuité entre votre travail et celui du titulaire de la classe. Regardez les cahiers et, si vous avez communiqué avec le titulaire, faites-le savoir.

Veillez toutefois à affirmer votre indépendance par rapport au titulaire de la classe. Vous avez vos propres règles, vos propres habitudes. Les élèves seront peut-être déroutés par les différences de pratique mais eux aussi doivent pouvoir s'adapter dans une certaine mesure. Expliquez-leur que vous avez, vous aussi, vos propres attentes qui peuvent être différentes de celles de leur enseignant en titre, concernant soit les règles de discipline, soit les petites habitudes, comme l'utilisation du tableau ou le démarrage de la journée...

Construire un système en relation avec les parents

L'autorité passe également par la reconnaissance des parents.

Lors d'un remplacement court, on hésite parfois à contacter les parents. Si cela s'avère nécessaire avec un élève qui vous provoque, écrivez un mot à ses parents dès le premier jour. Les élèves voient parfois la période du remplacement comme une parenthèse, ils doivent comprendre que vous êtes aussi leur professeur.

Lors d'un remplacement d'une semaine ou plus, vous pouvez construire un système de permis à points si vous le jugez nécessaire :

• Vous distribuez à chaque élève une petite feuille sur laquelle sont représentés 10 points ; ce sera leur permis de la semaine.

• Lors d'un manquement au règlement, vous barrez 1 point et vous écrivez sur le permis la cause de cette perte.

Exemple :

Prénom : Julie	Note : /10
~~1 point~~	*Julie a crié dans le couloir.*
1 point	
1 point	
1 point	
1 point	
1 point	
1 point	
1 point	
1 point	
1 point	

• À la fin de la semaine, les parents doivent signer le permis et sont ainsi mis au courant du comportement de leur enfant. S'ils le souhaitent, n'hésitez pas à rencontrer les parents pour en discuter.

Ce système permet d'éviter de donner des punitions tout en donnant des limites aux enfants.

Recentrer l'attention des élèves

Prendre en compte le bien-être physique de l'enfant

On oublie parfois que les élèves sont aussi des enfants. Ils ont des soucis à la maison, des disputes à l'école, des petits désagréments qui les perturbent parfois plus qu'on ne le pense : ils ont chaud, ils sont mal assis, ils ont faim, ils sont fatigués... Il faut s'en souvenir !

Pensez à aérer la classe régulièrement, rappelez aux élèves de boire s'il fait très chaud, d'aller aux toilettes pendant la récréation, de se laver les mains : tous ces petits détails du quotidien ont leur importance.

Relaxer les enfants

Avec les élèves les plus jeunes (CP et CE1), il est parfois utile de faire des petits exercices ou petits jeux, entre deux activités, après la récréation ou en fin de journée lorsqu'ils sont énervés.

Ces activités visent à retrouver calme et bien-être.

En voici quelques exemples :

Faire marcher son imagination

Les élèves sont debout, ferment les yeux et écoutent votre voix. Vous leur décrivez avec précision un paysage de votre choix qu'ils doivent se représenter. Vous les invitez ensuite à imaginer un gros sac dans lequel ils mettent tous leurs soucis : les disputes avec les camarades, les problèmes de la maison, les contrariétés liées à l'école. Ils doivent ensuite fermer le sac, se sentir plus léger et se préparer à revenir en classe pour travailler. Demandez-leur de sourire. Ils ouvrent les yeux : la séance d'apprentissage prévue peut commencer.

Se recentrer sur soi-même

Les élèves ferment les yeux. Vous leur demandez calmement de poser les mains sur la tête, le ventre, les joues, les hanches, etc.

Se détendre en respirant

Demandez aux élèves de prendre conscience de leur respiration. Ils doivent sentir la respiration dans les différentes parties de leur corps : les épaules, le ventre, les côtes, etc.

Se détendre en s'assouplissant

Invitez les élèves à se masser le front, les sourcils, les oreilles, les joues, le menton.

Détendre ses mains

Les élèves secouent doucement leurs mains, les ouvrent et les ferment, font semblant de jouer du piano, les appuient l'une contre l'autre.

Obtenir le calme lorsque la classe est agitée

Une classe peut parfois être fatigante, le maitre peut parfois être fatigué !

Lorsque la classe est agitée, il faut essayer de retrouver le calme en monopolisant l'attention du groupe classe. La plupart du temps, crier ne sert à rien et abime la voix.

Il est préférable de rester calme et même de bonne humeur. Des moyens détournés, jouant sur l'humour et la surprise, peuvent permettre de retrouver le calme.

En voici quelques exemples :

• Il suffit parfois de chanter une chanson bien connue des élèves avant de repartir pour une autre activité. Le chant leur permet de se libérer des tensions et met fin aux bavardages.

• Après une séance d'EPS agitée, proposez aux élèves de s'allonger sur le dos et invitez-les à imaginer une petite lumière ou une petite boule de chaleur qui se déplace dans différentes parties de leur corps. Cela leur permet de se recentrer sur eux-mêmes et de se calmer.

• Dans les petites classes (CP et CE1), vous pouvez inviter les élèves à écouter tous les petits bruits ou à essayer d'entendre ce qui se passe dans la classe d'à côté, ils se tairont d'eux-mêmes pour mieux entendre.

• Toujours avec les plus petits, vous pouvez jouer sur l'effet de surprise. Lorsqu'ils ne se rangent pas, ou lorsque vous n'arrivez pas à avoir le silence, faites répéter de manière ludique différentes phrases par toute la classe (par exemple : « le soleil brille dans le ciel » ou « nous aimons la récréation »), jusqu'à la phrase finale qui sera choisie en fonction de votre exigence du moment (par exemple : « nous savons fermer notre bouche » ou « nous savons nous ranger par deux »). Faites répéter cette dernière phrase deux ou trois fois, plus ou moins fort. Ils seront certainement surpris la première fois, mais comprendront le message... Ils apprécieront que vous le fassiez passer sous forme humoristique.

• Enfin, les élèves les plus jeunes pourront recentrer leur attention par l'intermédiaire d'un mime. Proposez aux élèves de mimer avec des gestes une petite histoire que vous racontez (n'hésitez pas à théâtraliser) :

« J'ai trouvé dans ma poche *(vous faites le geste de mettre la main dans votre poche)*... un rouleau de scotch *(vous tenez triomphalement un rouleau de scotch imaginaire entre votre pouce et votre index)* !

– Mais qu'est-ce qu'il fait là ?

– Je déroule un petit morceau *(vous faites le geste de dérouler le scotch)*.

– Je le coupe *(vous mimez une paire de ciseaux)*.

– Et je le colle sur ma bouche *(vous faites le geste de coller le morceau sur votre bouche)* ! »

Vous pouvez bien sûr trouver dans votre poche un tube de colle, faire durer la situation... surprenez-les !

Et quand rien ne marche ?

Il se peut qu'une classe ou qu'un élève « échappe » à l'enseignant. Si cela vous arrive, il est important de garder ou de retrouver confiance en vous et de relativiser : rappelez-vous que cela peut arriver à tout le monde et que ce n'est pas irrémédiable.

Si rien ne marche avec un élève

Insolence, violence verbale ou physique, attitude de refus... il arrive que le comportement d'un élève paraisse impossible à gérer. Il se peut aussi que toute une classe soit perturbée par un seul élève.

Demandez de l'aide aux collègues : on peut envisager de faire travailler cet élève quelque temps dans une autre classe lors d'un travail en autonomie. Cela vous donne un moment pour vous reposer, pour reprendre votre classe en main et accorder votre attention aux autres enfants.

Demandez également de l'aide au directeur : il pourra vous dire si des solutions ont déjà été envisagées pour cet élève. Il pourra aussi parler lui-même avec l'enfant.

Contactez les parents, expliquez-leur la situation, décrivez précisément les faits afin qu'ils prennent la mesure du problème.

Enfin, ne prenez pas l'élève en aversion. Il est important de garder une certaine distance par rapport aux provocations. Ne laissez pas un élève vous mettre en colère ou vous déstabiliser.

Si rien ne marche avec toute une classe

Il arrive qu'on se sente dépassé par une classe agitée. Il est toujours possible de remédier à la situation.

Tout d'abord, prenez du recul. Tous les élèves de la classe ne sont pas perturbateurs. Parcourez la liste des élèves et repérez les enfants avec lesquels vous avez un bon contact : il y en a plus que vous ne le croyez. Repérez ensuite ceux qui vous déstabilisent et essayez d'analyser de quelle façon : violence, insolence, refus de travailler ? Vous aurez ainsi une vision plus précise de la classe.

Pensez à vous faire aider. Faites savoir au directeur et aux collègues les difficultés que vous rencontrez. Ils le sauront tôt ou tard, mieux vaut en parler vous-même, vous recevrez peut-être de bons conseils de la part des collègues ayant eu la classe les années précédentes.

Lors d'un remplacement long, vous pouvez aussi demander à la psychologue scolaire de venir observer la classe pendant une ou deux heures. Elle aura un autre regard.

Ensuite, comme nous l'avons déjà souligné, travaillez main dans la main avec les parents en les contactant rapidement et en instaurant le système de permis à points présenté p. 14 : il sera alors signé tous les jours et pas seulement en fin de semaine.

Sollicitez également les parents pour des contacts plus détendus : aider dans un atelier d'arts visuels, accompagner une sortie. Certains parents ne viennent à l'école que pour parler des difficultés de leur enfant, ils seront plus réceptifs à vos attentes si vous leur montrez le côté positif de l'école et de leur enfant.

Surtout, ne vous compliquez pas le travail. Prévoyez des activités simples à mettre en place : vous avez besoin de toute votre énergie pour gérer la classe. En revanche, pensez aux activités « porteuses » dans des domaines que vous maitrisez bien. Les activités porteuses sont celles qui soudent le groupe classe dans une dynamique d'entraide et non de concurrence : organisation d'une exposition d'arts visuels, projet d'apprentissage des premiers secours, réalisation d'un recueil de poèmes à lire aux autres classes, activités d'expression corporelle, etc.

Enfin, si les élèves ont tendance à être très agités, répartissez les horaires d'EPS de manière à en faire tous les jours, même si les séances sont un peu moins longues. Les élèves auront ainsi l'occasion de se dépenser, ce qui leur permettra d'être plus détendus et réceptifs par la suite.

Quelles que soient les difficultés rencontrées, chaque nouvelle classe contribue à vous enrichir et vous apporte la satisfaction de voir les élèves s'améliorer et évoluer grâce à vos efforts.

Dans les séquences proposées dans cet ouvrage, vous trouverez des activités variées et faciles à s'approprier, dans toutes les disciplines et pour chaque niveau, en conformité avec les programmes.
Les ressources numériques accompagnant l'ouvrage offrent le matériel à imprimer nécessaire aux séquences pour éviter la surcharge de travail préparatoire.

Au programme : une journée dans une classe

« Demandez le programme ! »

Nous proposons ici un exemple de « cahier journal » pour un remplacement d'une journée dans chaque niveau. La répartition des heures de classe varie d'une région à l'autre. Cette proposition d'organisation est donc donnée à titre indicatif ; dans certaines régions, les horaires seront différents.

Bien sûr, il est toujours mieux de continuer ce qui a été commencé en classe. Si l'enseignant a laissé des préparations, prenez le temps de les lire en donnant aux élèves une fiche à réaliser en autonomie. Pensez à lire les extraits des guides pédagogiques en lien avec les manuels de la classe, si vous les trouvez.

Parfois, l'enseignant n'a pas pu laisser d'indications pour le remplaçant. Les séances indiquées peuvent être menées lorsqu'il n'est pas possible de s'intégrer rapidement dans la programmation de la classe et en fonction de la progression des élèves.

Dans les exemples de cahier journal pour les CP et les CE1, le parti pris a été de placer la liaison école-maison juste après la pause de midi, car la copie des devoirs n'est pas si aisée, les enfants y sont mieux disposés après le déjeuner. De plus, cela permet d'équilibrer l'emploi du temps de la journée.

Les activités indiquées ici renvoient aux séquences développées dans l'ouvrage.

Cahier journal pour une classe de CP

Horaires	Matières	Activités
8h30 - 8h40	Arrivée en classe	L'accueil : se présenter, faire l'appel, réaliser un plan de la classe.
8h40 - 8h45	Questionner le monde : se repérer dans le temps	La date : faire rechercher la date du jour, de la veille et du lendemain.
8h45 - 9h30	Français : lecture	*Les Chapeaux* : voir séquences 1 et 2, pp. 30-33.
9h30 - 10h00	Mathématiques : nombres et calcul	Calcul mental : voir séquence 43, p. 115.
10h00 - 10h15	Récréation	
10h15 - 10h45	Français : écriture	Écrire les nombres : voir séquence 13, pp. 57-58.
10h45 - 11h30	Mathématiques : nombres et calcul	La suite des nombres : voir séquence 42, pp. 113-114.
11h30 - 13h30	Pause de midi	
13h30 - 13h45	Liaison maison-école	Faire le lien entre la maison et l'école : - noter les informations dans le cahier de liaison ; - noter les leçons ou la lecture dans le cahier de devoirs.
13h45 - 14h30	Français : grammaire	Connaitre l'alphabet : voir séquence 21, pp. 73-74.
14h30 - 15h00	Questionner le monde : le monde du vivant	Les parties du corps humain : voir séquence 63, pp. 147-148.
15h00 - 15h15	Récréation	
15h15 - 16h15	Enseignements artistiques : arts plastiques	La main transformée : voir séquence 99, p. 220.
16h15 - 16h30	Enseignements artistiques : éducation musicale	Jeux avec les sons : voir séquence 95, pp. 210-211. Jeux vocaux : voir séquence 96, pp. 212-213.

Cahier journal pour une classe de CE1

Horaires	Matières	Activités
8h30 - 8h40	Arrivée en classe	L'accueil : se présenter, faire l'appel, réaliser un plan de la classe.
8h40 - 8h45	Questionner le monde : se repérer dans le temps	La date : faire rechercher la date du jour, de la veille et du lendemain.
8h45 - 9h30	Français : orthographe	Dictée préparée : voir séquence 35, pp. 101-102.
9h30 - 10h00	Mathématiques : nombres et calculs	Calcul mental : voir séquence 44, p. 116.
10h00 - 10h15	Récréation	
10h15 - 11h00	Français : lecture	*La Bonne Bouillie* : voir séquence 7, pp. 40-42.
11h00 - 11h30	Français : écriture	Écrire des lettres, des mots : voir séquence 14, pp. 59-60.
11h30 - 13h30	Pause de midi	
13h30 - 13h45	Liaison maison-école	Faire le lien entre la maison et l'école : - noter les informations dans le cahier de liaison ; - noter les leçons ou la lecture dans le cahier de devoirs.
13h45 - 14h30	Mathématiques : nombres et calculs	Problèmes : voir séquence 39, p. 109.
14h30 - 15h00	Questionner le monde : le monde du vivant	Les parties du corps humain : voir séquence 63, pp. 147-148.
15h00 - 15h15	Récréation	
15h15 - 16h15	Enseignements artistiques : arts plastiques	La main transformée : voir séquence 99, p. 220.
16h15 - 16h30	Enseignements artistiques : éducation musicale	Jeux avec les sons : voir séquence 95, pp. 210-211. Jeux vocaux : voir séquence 96, pp. 212-213.

Cahier journal pour une classe de CP-CE1

Horaires	Matières		Activités	
	CP	CE1	CP	CE1
8h30 - 8h40	Arrivée en classe		L'accueil : se présenter, faire l'appel, réaliser un plan de la classe.	
8h40 - 8h45	Questionner le monde : se repérer dans le temps		La date : faire rechercher la date du jour, de la veille et du lendemain.	
8h45 - 9h30	Français : lecture	Français : orthographe	*Les Chapeaux* : voir séquences 1 et 2, pp. 30-33.	Dictée préparée : voir séquence 35, pp. 101-102.
9h30 - 10h00	Français : écriture	Mathématiques : nombres et calcul	Écrire les nombres : voir séquence 13, pp. 57-58.	Calcul mental : voir séquence 44, p. 116.
10h00 - 10h15	Récréation			
10h15 - 11h00	Mathématiques : géométrie	Mathématiques : nombres et calcul	Tracés à la règle : voir séquence 49, p. 122.	Problèmes : voir séquence 39, p. 109.
11h00 - 11h30	Mathématiques : nombres et calcul	Français : écriture	Calcul mental : voir séquence 43, p. 115.	Écrire des lettres, des mots : voir séquence 14, pp. 59-60.
11h30 - 13h30	Pause de midi			
13h30 - 13h45	Liaison maison-école		Faire le lien entre la maison et l'école : - noter les informations dans le cahier de liaison ; - noter les leçons ou la lecture dans le cahier de devoirs.	
13h45 - 14h30	Français : grammaire	Français : lecture	Connaitre l'alphabet : voir séquence 21, pp. 73-74.	*La Bonne Bouillie* : voir séquence 7, pp. 40-42.
14h30 - 15h00	Questionner le monde : le monde du vivant		Les parties du corps humain : voir séquence 63, pp. 147-148.	
15h00 - 15h15	Récréation			
15h15 - 16h15	Enseignements artistiques : arts plastiques		La main transformée : voir séquence 99, p. 220.	
16h15 - 16h30	Enseignements artistiques : éducation musicale		Jeux avec les sons : voir séquence 95, pp. 210-211. Jeux vocaux : voir séquence 96, pp. 212-213.	

Cahier journal pour une classe de CE2

Horaires	Matières	Activités
8h30 - 8h45	Arrivée en classe	L'accueil et la date : se présenter, faire l'appel, réaliser un plan de la classe, faire rechercher la date du jour.
8h45 - 9h30	Français : lecture	*La Princesse au petit pois* : voir séquence 10, pp. 48-50.
9h30 - 10h00	Mathématiques : nombres et calcul	Calcul mental : voir séquence 45, p. 117.
10h00 - 10h15	Récréation	
10h15 - 11h00	Mathématiques : géométrie	Points alignés : voir séquence 51, p. 125.
11h00 - 11h30	Français : orthographe	Dictée : voir séquence 34, p. 99.
11h30 - 13h30	Pause de midi	
13h30 - 14h15	Mathématiques : nombres et calcul	Problèmes : voir séquence 38, p. 108.
14h15 - 15h00	Sciences et technologie	Le traitement des déchets : voir séquence 66, p. 153.
15h00 - 15h15	Récréation	
15h15 - 15h45	Enseignement d'une langue étrangère	Allemand ou anglais : voir séquences 60 ou 62, pp. 141-142 ou 145-146.
15h45 - 16h15	Enseignements artistiques : arts plastiques	Réaliser un portrait : voir séquence 98, pp. 217-219.
16h15 - 16h30	Liaison maison-école	Faire le lien entre la maison et l'école : - noter les informations dans le cahier de liaison ; - noter les leçons ou la lecture dans le cahier de devoirs.

Cahier journal pour une classe de CM1

Horaires	Matières	Activités
8h30 - 8h45	Arrivée en classe	L'accueil et la date : se présenter, faire l'appel, réaliser un plan de la classe, faire rechercher la date du jour.
8h45 - 9h30	Français : lecture	*Le Renard et les Oies* : voir séquence 11, pp. 51-53.
9h30 - 10h00	Mathématiques : nombres et calcul	Calcul mental : voir séquence 46, p. 118.
10h00 - 10h15	Récréation	
10h15 - 11h00	Mathématiques : géométrie	Droites et segments : voir séquence 52, p. 126.
11h00 - 11h30	Français : orthographe	Dictée : voir séquence 36, pp. 103-105.
11h30 - 13h30	Pause de midi	
13h30 - 14h15	Mathématiques : nombres et calcul	Problèmes : voir séquence 41, p. 111.
14h15 - 15h00	Sciences et technologie	L'hygiène : voir séquence 68, pp. 156-157.
15h00 - 15h15	Récréation	
15h15 - 15h45	Enseignement d'une langue étrangère	Allemand ou anglais : voir séquences 60 ou 62, pp. 141-142 ou 145-146.
15h45 - 16h15	Enseignements artistiques : arts plastiques	Réaliser un portrait : voir séquence 98, pp. 217-219.
16h15 - 16h30	Liaison maison-école	Faire le lien entre la maison et l'école : - noter les informations dans le cahier de liaison ; - noter les leçons ou la lecture dans le cahier de devoirs.

Cahier journal pour une classe de CM2

Horaires	Matières	Activités
8h30 - 8h45	Arrivée en classe	L'accueil et la date : se présenter, faire l'appel, réaliser un plan de la classe, faire rechercher la date du jour.
8h45 - 9h30	Français : lecture	*Le Paysan et le Diable* : voir séquence 12, pp. 54-56.
9h30 - 10h00	Mathématiques : nombres et calcul	Calcul mental : voir séquence 47, p. 119.
10h00 - 10h15	Récréation	
10h15 - 11h00	Mathématiques : géométrie	Droites et segments : voir séquence 52, p. 126.
11h00 - 11h30	Français : orthographe	Dictée : voir séquence 36, pp. 103-105.
11h30 - 13h30	Pause de midi	
13h30 - 14h15	Mathématiques : nombres et calcul	Problèmes : voir séquence 41, pp. 111.
14h15 - 15h00	Sciences et technologie	L'énergie : voir séquence 67, pp. 154-155.
15h00 - 15h15	Récréation	
15h15 - 15h45	Enseignement d'une langue étrangère	Allemand ou anglais : voir séquences 60 ou 62, pp. 141-142 ou 145-146.
15h45 - 16h15	Enseignements artistiques : arts plastiques	Les papiers déchirés : voir séquence 100, pp. 221-222.
16h15 - 16h30	Liaison maison-école	Faire le lien entre la maison et l'école : - noter les informations dans le cahier de liaison ; - noter les leçons ou la lecture dans le cahier de devoirs.

Cahier journal pour une classe de CM1-CM2

Horaires	Matières		Activités	
	CM1	CM2	CM1	CM2
8h30 - 8h45	Arrivée en classe		L'accueil et la date : se présenter, faire l'appel, réaliser un plan de la classe, faire rechercher la date du jour.	
8h45 - 9h30	Français : lecture		*Le Renard et les Oies* : voir séquence 11, pp. 51-53.	
9h30 - 10h00	Français : lexique	Mathématiques : nombres et calcul	Les suffixes : voir séquence 28, pp. 87-88.	Calcul mental : voir séquence 47, p. 119.
10h00 - 10h15	Récréation			
10h15 - 11h00	Mathématiques : géométrie		Droites et segments : voir séquence 52, p. 126.	
11h00 - 11h30	Mathématiques : nombres et calcul	Français : orthographe	Calcul mental : voir séquence 46, p. 118.	Dictée : voir séquence 36, pp. 103-105.
11h30 - 13h30	Pause de midi			
13h30 - 14h15	Mathématiques : nombres et calcul		Problèmes : voir séquence 41, pp. 111.	
14h15 - 15h00	Sciences et technologie		L'énergie : voir séquence 67, pp. 154-155.	
15h00 - 15h15	Récréation			
15h15 - 15h45	Enseignement d'une langue étrangère		Allemand ou anglais : voir séquences 60 ou 62, pp. 141-142 ou 145-146.	
15h45 - 16h15	Enseignements artistiques : arts plastiques		Les papiers déchirés : voir séquence 100, pp. 221-222.	
16h15 - 16h30	Liaison maison-école		Faire le lien entre la maison et l'école : - noter les informations dans le cahier de liaison ; - noter les leçons ou la lecture dans le cahier de devoirs.	

Cahier journal pour une classe de CP-CM2

Horaires	Matières		Activités	
	CP	CM2	CP	CM2
8h30 - 8h45	Arrivée en classe		L'accueil et la date : se présenter, faire l'appel, réaliser un plan de la classe, faire rechercher la date.	
8h45 - 9h30	Français : lecture		*Les Chapeaux* : voir séquences 1 et 2, pp. 30-33.	*Le Paysan et le Diable* : voir séquence 12, pp. 54-56.
9h30 - 10h00	Français : écriture	Mathématiques : nombres et calcul	Écrire les nombres : voir séquence 13, pp. 57-58.	Calcul mental : voir séquence 47, p. 119.
10h00 - 10h15	Récréation			
10h15 - 11h00	Mathématiques : nombres et calcul	Mathématiques : géométrie	La suite des nombres : voir séquence 42, pp. 112-114.	Droites et segments : voir séquence 52, p. 126.
11h00 - 11h30	Mathématiques : nombres et calcul	Français : orthographe	Calcul mental : voir séquence 43, p. 115.	Dictée : voir séquence 36, pp.103-104.
11h30 - 13h30	Pause de midi			
13h30 - 14h15	Questionner le monde du vivant	Mathématiques : nombres et calcul	Les parties du corps humain : voir séquence 63, pp. 147-148.	Problèmes : voir séquence 41, pp. 111.
14h15 - 15h00	Se situer dans le temps	Sciences et technologie	La date : voir séquence 69, pp. 158-159.	L'énergie : voir séquence 67, pp. 154-155.
15h00 - 15h15	Récréation			
15h15 - 15h45	Enseignements artistiques : arts plastiques	Enseignement d'une langue étrangère	Les papiers déchi-rés : voir séquence 100, pp. 221-222.	Allemand / anglais : voir séquences 60 ou 62, pp. 141-142 ou 145-146.
15h45 - 16h15	Enseignements artistiques : éducation musicale		Jeux avec les sons : voir séquence 95, pp. 210-211. Jeux vocaux : voir séquence 96, pp. 212-213.	
16h15 - 16h30	Liaison maison-école		Faire le lien entre la maison et l'école : - noter les informations dans le cahier de liaison ; - noter les leçons ou la lecture dans le cahier de devoirs.	

Les séquences

1 Début de CP

Les Chapeaux (1)

Français	Lecture.
Objectif	Comprendre une comptine adaptée à son âge.
Compétences	– Écouter lire un texte adapté à son âge. – Lire aisément les mots étudiés.
Durée	30 à 45 min.
Matériel	– Texte *Les Chapeaux* à vidéoprojeter 1. Texte. – Fiche individuelle de travail 1. Fiche élève.

Déroulement

Rappel des mots vus en grande section

Écrire les noms des couleurs du texte *Les Chapeaux* au tableau (blanc, bleu, gris, rose, rouge, vert).

Poser la question : « Qu'est-ce que j'ai écrit ? »

Pour répondre à cette question, les élèves ont plusieurs stratégies : affichage de la classe, souvenirs de grande section, déchiffrage des sons connus.

Lorsque tous les mots ont été identifiés, les entourer au tableau dans leur couleur.

Découverte du texte

Le texte *Les Chapeaux* est projeté ou recopié au tableau ; les élèves ne l'ont pas.

Lire le texte une première fois :

> Maman porte un chapeau blanc.
> Papa porte un chapeau bleu.
> Papi porte un chapeau gris.
> Mamie porte un chapeau rose.
> Lili porte un chapeau rouge.
> Riri porte un chapeau vert.
> Et moi ? Je porte un chapeau multicolore !

Échange oral : reformulation, repérage des différents personnages et mise en évidence de la structure répétitive du texte.

Lire le texte une deuxième fois.

Échange oral : les élèves doivent retrouver de mémoire la couleur des chapeaux des différents personnages.

Repérage

Distribuer la fiche élève.

Lors de la réalisation de l'exercice, aider les élèves en lisant le nom de chaque personnage. Le coloriage s'effectue au fur et à mesure de manière collective.

Prolongement

Faire repérer les noms de couleur dans le texte.

Les Chapeaux (2)

Français Lecture.
Objectif Lire un texte comprenant des mots connus et inconnus.
Compétences – Déchiffrer des mots inconnus.
– Lire aisément des mots connus.
Durée 30 à 45 min.
Matériel – Texte *Les Chapeaux* à vidéoprojeter 1. Texte.
– 2 fiches individuelles de travail 1. Fiche élève et 2. Fiche élève.

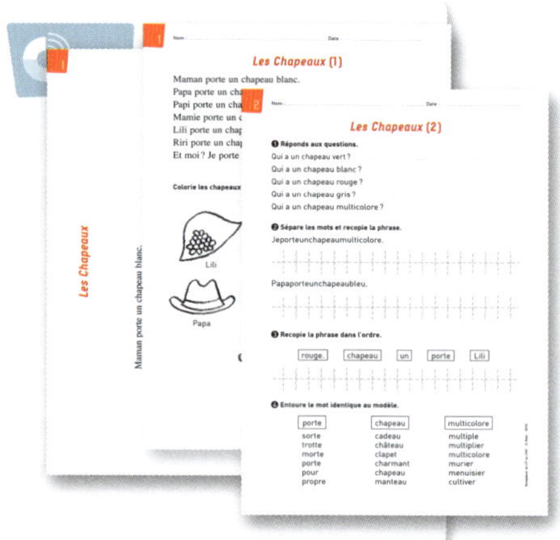

Déroulement

Découverte du texte

Projeter ou recopier *Les Chapeaux* au tableau :

> Maman porte un chapeau blanc.
> Papa porte un chapeau bleu.
> Papi porte un chapeau gris.
> Mamie porte un chapeau rose.
> Lili porte un chapeau rouge.
> Riri porte un chapeau vert.
> Et moi ? Je porte un chapeau multicolore !

Distribuer la première fiche élève.

Les élèves lisent silencieusement le texte au tableau ou sur la feuille.

S'ensuit un déchiffrage collectif.

Les noms de couleur ainsi que les mots *papa* et *maman* sont des mots connus des élèves, ils les reconnaissent de mémoire sans passer par le déchiffrage. L'enseignant peut aider les élèves en s'appuyant sur l'affichage de la classe.

Si les élèves ne connaissent pas encore la graphie *eau*, l'enseignant les aide à décoder *chapeau* sur la première ligne. Ils doivent ensuite reconnaitre ce mot aux lignes suivantes.

La plupart des autres mots peuvent être déchiffrés par les élèves, à l'enseignant toutefois de contrôler la liste des graphies connues, qui est généralement affichée au mur.

Compréhension

Proposer un échange oral : reformulation, repérage des différents personnages et mise en évidence de la structure répétitive du texte.

Les élèves doivent retrouver de mémoire la couleur des chapeaux des différents personnages.

Trace écrite

Les élèves entourent le nom des couleurs dans la couleur qui correspond.

Puis ils réalisent l'exercice : coloriage des chapeaux (travail individuel puis correction collective ou individuelle).

Compréhension et repérage

Distribuer la seconde fiche élève. La fiche s'effectue individuellement, avant une correction individuelle ou collective.

- Exercice 1 : Compréhension de l'écrit à partir de questions sur le texte.
- Exercice 2 : Les élèves doivent segmenter la phrase en mots. Ils s'appuient sur leurs compétences de déchiffrage et leur connaissance du texte.
- Exercice 3 : Les élèves doivent reconstituer la phrase à partir des étiquettes. Ils s'appuient sur des indices comme le point et la majuscule.
- Exercice 4 : Les élèves s'entrainent à reconnaitre un mot parmi des mots qui ressemblent pour accentuer la précision et la finesse de la lecture.

Prolongement

Production d'écrit : proposer de continuer le texte en utilisant d'autres personnages et d'autres couleurs.

3 Début ou milieu de **CP**

Le son [o] : découverte

Français	Lecture.
Objectif	Lire seul les différents graphèmes du son [o].
Compétences	– Différencier des sons. – Mémoriser des graphèmes.
Durée	2 séances de 30 à 45 min.

Première séance

Déroulement

Découverte du son

Lire le texte suivant aux élèves :

> Le motard part en moto,
> Le chauffeur part en auto,
> Le matelot part en bateau,
> Le nomade part à chameau,
> Le fantôme part en volant
> Et l'enfant en toboggan !

Les élèves sont invités à reformuler le texte, ce qui permet à l'enseignant de s'assurer qu'ils l'ont bien compris.

Lire le texte une deuxième fois et demander aux enfants d'être attentifs aux sons qu'ils entendent.

Lors d'une courte mise en commun, les élèves nomment les sons qu'ils ont entendus.

Lors d'une troisième lecture du texte par l'enseignant, les élèves sont invités à repérer tous les mots qui contiennent le son [o].

Phonologie : chasse aux mots

Demander aux élèves de dicter tous les mots du texte dans lesquels ils ont entendu le son [o] et les écrire au tableau.

Ensuite, les élèves recherchent d'autres mots avec le son [o] : prénoms de la classe, fruits et légumes (*orange, tomate*), animaux (*hippopotame, oiseau*), etc.

Repérage de l'écrit

Lorsque tous les mots sont écrits au tableau, une analyse collective doit permettre de repérer les différents graphèmes : des élèves viennent à tour de rôle les entourer dans les mots au tableau.

Ils doivent alors remarquer qu'il en existe trois : *o* (*ô*), *au*, *eau*.

Seconde séance

Entrainement

Phonologie

Demander aux élèves de prendre leur ardoise et d'y écrire OUI d'un côté et NON de l'autre. Proposer une série de mots. Si le mot comporte le son [o], les élèves doivent montrer OUI, si le mot ne comporte pas le son [o], les élèves doivent montrer NON.

Liste de mots (donnée à titre d'exemple ; l'adapter aux besoins des élèves) : *tomate, chaton, crocodile, maison, château, citrouille, caillou, haricot, radeau, souris, râteau, marteau, menton, éléphant.*

Écriture du graphème

Dicter des syllabes que les élèves doivent écrire sur leur ardoise. Pour chaque syllabe, ils sont invités à trouver trois manières de l'écrire : *po, to, mo, vo, ro, so.*

N.B. : Il est possible de proposer d'autres syllabes avec des sons déjà étudiés.

Trace écrite

Les élèves copient des mots qui contiennent le son [o] dans un tableau de trois colonnes : soit des mots qu'ils ont rencontrés, soit des mots proposés par l'enseignant.

Par exemple :

o	au	eau
tomate crocodile haricot moto	artichaut jaune chauffeur chaussure	château radeau râteau marteau

Prolongement

Proposer la fiche d'entrainement sur le son [o] (voir séquence 4, page suivante).

4 Début ou milieu de CP

Le son [o] : entrainement

Français	Lecture.
Objectif	Renforcer l'acquisition des différents graphèmes du son [o].
Compétences	– Différencier des sons. – Mémoriser des graphèmes.
Durée	30 à 45 min.
Matériel	– Fiche individuelle de travail 4. Fiche élève. – Corrigé de la fiche 4. Corrigé.

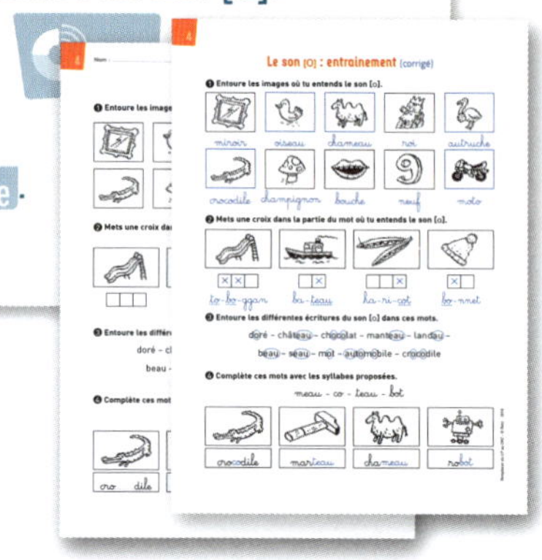

Déroulement

Phonologie

Distribuer la fiche élève.

• Exercice 1 : Les élèves observent les images et nomment ce qu'ils voient avec l'aide de l'enseignant. Ils désignent les images pour lesquelles ils pensent que le mot contient le son [o]. La validation est collective avant la réalisation sur la fiche. Un corrigé est disponible en annexe.

Travail sur les syllabes

• Exercice 2 : Les élèves observent les images et les nomment. Pour chacun des mots, demander à quelques élèves de frapper les syllabes (orales) dans leurs mains. Au besoin, faire d'abord repérer la syllabe (*to, bo, co*) avant de faire rechercher le son [o] dans la syllabe.

Ensuite, les élèves doivent mettre une croix dans la bonne case en fonction de la syllabe dans laquelle ils entendent [o]. Veiller à ce qu'ils aient bien compris qu'une case correspond à une syllabe.

Lecture de syllabes

• Exercice 3 : Demander à des élèves de lire les mots à voix haute.

Ils doivent ensuite entourer les graphèmes *o*, *au*, *eau*.

Écriture de syllabes

• Exercice 4 : Les élèves doivent compléter les mots en s'aidant de l'image et des syllabes proposées.

Prolongement

Proposer la fiche de compréhension autour du son [o] (voir séquence 5, page suivante).

Le son [o] : compréhension

Français	Lecture.
Objectif	Lire seul des phrases comprenant des mots connus et inconnus.
Compétences	– Réinvestir ses connaissances sur le son [o]. – Utiliser différentes stratégies pour lire des mots inconnus (déchiffrage, analogies…). – Lire aisément des mots connus. – Lire et comprendre une phrase.
Durée	30 min.
Matériel	Fiche individuelle de travail 5. Fiche élève.

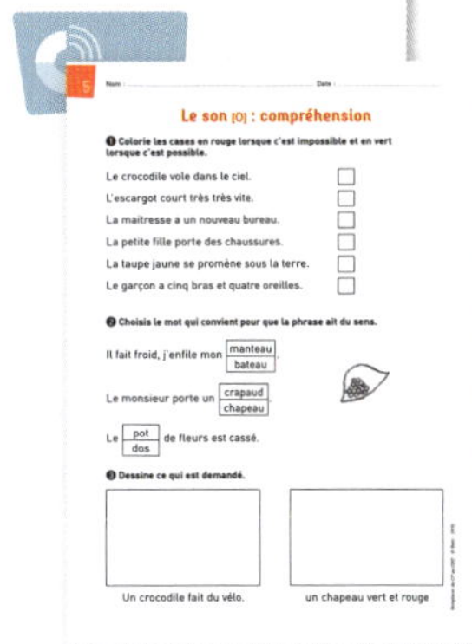
5 Nom : Date :

Le son [o] : compréhension

❶ Colorie les cases en rouge lorsque c'est impossible et en vert lorsque c'est possible.

Le crocodile vole dans le ciel. ☐
L'escargot court très très vite. ☐
La maitresse a un nouveau bureau. ☐
La petite fille porte des chaussures. ☐
La taupe jaune se promène sous la terre. ☐
Le garçon a cinq bras et quatre oreilles. ☐

❷ Choisis le mot qui convient pour que la phrase ait du sens.

Il fait froid, j'enfile mon manteau / bateau.
Le monsieur porte un crapaud / chapeau.
Le pot / dos de fleurs est cassé.

❸ Dessine ce qui est demandé.

Un crocodile fait du vélo. — un chapeau vert et rouge

Déroulement

Analyse du sens des phrases

Distribuer la feuille de travail.

• Exercice 1 : Les élèves lisent seuls les phrases (beaucoup de mots contiennent le son [o] ; à ne pas confondre avec le [ɔ] ouvert). Recopier éventuellement les phrases au tableau pour aider les élèves à déchiffrer collectivement.

Une fois les phrases comprises, les élèves doivent les colorier au crayon de couleur rouge s'ils pensent que c'est impossible et au crayon de couleur vert s'ils pensent que c'est possible.

Lors de la correction, des élèves lisent les phrases à voix haute et expliquent leur choix.

Analyse du sens des mots

• Exercice 2 : Les élèves lisent seuls les phrases. Là encore, il est possible de recopier les phrases au tableau pour aider les élèves à déchiffrer. Puis ces derniers réalisent l'exercice individuellement (choix du bon mot en fonction du sens).

Lors de la correction, des élèves lisent les phrases à voix haute et expliquent leur choix.

Comprendre une phrase

• Exercice 3 : Les élèves lisent seuls les descriptions proposées sous les encadrés et dessinent ce qui est demandé.

Lors de la correction, des élèves lisent les phrases à voix haute.

6 Milieu ou fin de CP

La Visite du zoo

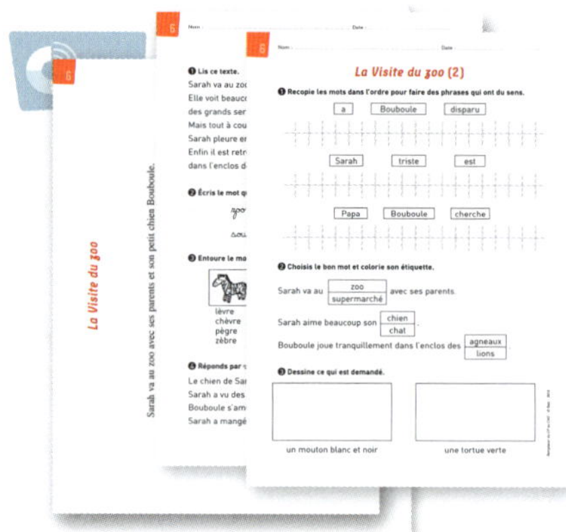

Français Lecture.

Objectif Lire seul un texte comprenant des mots connus et inconnus.

Compétences
- Utiliser différentes stratégies pour lire des mots inconnus (déchiffrage, analogies...).
- Lire aisément des mots connus.
- Lire et comprendre un texte court.

Durée 2 séances de 30 min.

Matériel
- Texte *La Visite du zoo* à vidéoprojeter 6. Texte.
- 2 fiches individuelles de travail 6. Fiche élève (1) et 6. Fiche élève (2).

Première séance

Déroulement

Découverte du texte

Distribuer la première fiche élève.

Le texte peut être projeté ou recopié au tableau en écriture scripte.

> Sarah va au zoo avec ses parents et son petit chien Bouboule. Elle voit beaucoup d'animaux : des zèbres, des tortues géantes, des grands serpents, des petites souris... Elle s'amuse bien ! Mais tout à coup, Bouboule n'est plus là ! Il a disparu ! Sarah pleure en appelant son petit chien. Papa part le chercher partout. Enfin il est retrouvé, il était tranquillement installé dans l'enclos des moutons et s'amusait avec des petits agneaux.

- Exercice 1 : Les élèves lisent silencieusement le texte.

Lors d'une mise en commun, ils reformulent le texte, disent ce qu'ils ont compris.

Ensuite, le texte est lu plusieurs fois à voix haute par des élèves, l'enseignant les aide à déchiffrer les mots difficiles. Par exemple, le mot *enclos* : identification des lettres du mot et segmentation ; conversion des lettres en sons (en s'attardant au besoin sur le graphème *en*) ; fusion des sons (en faisant remarquer la lettre muette *s*). Puis explication si nécessaire de ce mot pour accéder au sens.

Veiller à ce que chaque phrase soit bien comprise avant de donner accès à la compréhension de l'ensemble du texte.

Compréhension du texte

Sur leur ardoise, les élèves doivent écrire des mots du texte demandés par l'enseignant : *tortue, chien, Bouboule, agneau, souris, zèbre*.

L'enseignant corrige au fur à mesure en recopiant les mots au tableau et en indiquant où ils se trouvent dans le texte.

Compréhension et grammaire

• Exercice 2 : Les élèves doivent lire seuls les mots et choisir l'article qui convient. La validation est collective.

Lecture de mots

• Exercice 3 : Les élèves entourent le mot qui correspond à l'image. Ils doivent avoir une lecture très précise, car les graphies des différents mots proposés se ressemblent. Cet exercice renforce l'entrainement au décodage.

Lecture et compréhension

• Exercice 4 : Les élèvent doivent lire seuls les phrases et les comprendre, puis répondre par vrai ou faux. Ici, c'est le sens qui est davantage travaillé.

Deuxième séance

Déroulement

Production de phrases

Faire relire le texte *La Visite du zoo* silencieusement puis collectivement 6. Texte.

Distribuer la seconde fiche élève.

• Exercice 1 : Les élèves doivent écrire une phrase avec les étiquettes en respectant le sens de l'histoire.

Lecture et compréhension

• Exercice 2 : Les élèves doivent lire les phrases seuls et choisir le bon mot en fonction du sens de l'histoire.

• Exercice 3 : Les élèves doivent lire seuls les groupes de mots et dessiner ce qui est demandé. Le dessin permet de vérifier s'ils les ont bien compris. Ils connaissent normalement le nom des couleurs.

7 Début ou milieu de **CE1**

La Bonne Bouillie de Jacob et Wilhelm Grimm

Français Lecture / littérature.

Objectif Lire et comprendre un texte du patrimoine littéraire.

Compétences
- Comprendre un texte et le manifester en répondant à des questions.
- Repérer certaines caractéristiques d'un texte.
- Commencer à se construire une représentation du merveilleux.

Durée 45 min à 1 h.

Matériel
- Texte *La Bonne Bouillie* à photocopier et/ou à vidéoprojeter 7. Texte.
- Fiche individuelle de travail et son corrigé 7. Fiche élève et 7. Corrigé.

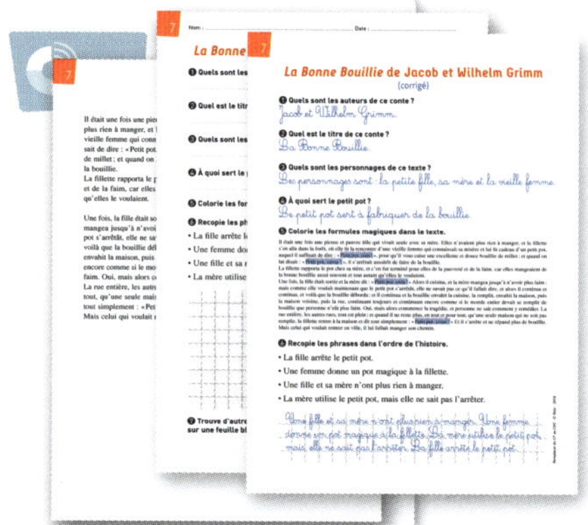

Déroulement

Découverte du texte (1)

Projeter et/ou distribuer le texte *La Bonne Bouillie* :

> Il était une fois une pieuse et pauvre fille qui vivait seule avec sa mère. Elles n'avaient plus rien à manger, et la fillette s'en alla dans la forêt, où elle fit la rencontre d'une vieille femme qui connaissait sa misère et lui fit cadeau d'un petit pot, auquel il suffisait de dire : « Petit pot, cuis ! », pour qu'il vous cuise une excellente et douce bouillie de millet ; et quand on lui disait : « Petit pot, cesse ! », il s'arrêtait aussitôt de faire de la bouillie. La fillette rapporta le pot chez sa mère, et c'en fut terminé pour elles de la pauvreté et de la faim, car elles mangeaient de la bonne bouillie aussi souvent et tout autant qu'elles le voulaient.

Le lire jusqu'à « autant qu'elles le voulaient ».

Demander aux élèves de le reformuler oralement.

Expliquer le vocabulaire difficile (*pieuse, misère, millet*...).

Découverte du texte (2)

Inviter les élèves à lire silencieusement la suite du texte :

> Une fois, la fille était sortie et la mère dit : « Petit pot, cuis ! » Alors il cuisina, et la mère mangea jusqu'à n'avoir plus faim ; mais comme elle voulait maintenant que le petit pot s'arrêtât, elle ne savait pas ce qu'il fallait dire, et alors il continua et continua, et voilà que la bouillie déborda ; et il continua et la bouillie envahit la cuisine, la remplit, envahit la maison, puis la maison voisine, puis la rue, continuant toujours et continuant encore comme si le monde entier devait se remplir de bouillie que personne n'eût plus faim. Oui, mais alors commence la tragédie, et personne ne sait comment y remédier. La rue entière, les autres rues, tout est plein ; et quand il ne reste plus, en tout et pour tout, qu'une seule maison qui ne soit pas remplie, la fillette rentre à la maison et dit tout simplement : « Petit pot, cesse ! » Et il s'arrête et ne répand plus de bouillie.
>
> Mais celui qui voulait rentrer en ville, il lui fallait manger son chemin.
>
> Jacob et Wilhelm Grimm,
> extrait de *Contes de Grimm – vol. 2,*
> traduction de Armel Guerne.
>

Proposer une reformulation orale par les élèves.

Expliquer le vocabulaire difficile (*envahir, remédier, tragédie*...). S'attarder au besoin sur les changements de temps qui peuvent gêner la compréhension.

Poser des questions orales visant à s'assurer de la compréhension du texte dans son ensemble. Par exemple : « Qui rencontre la petite fille ? Que reçoit-elle ? À quoi sert le petit pot ? Comment fonctionne-t-il ? » Etc.

Demander à des élèves de relire oralement le texte en entier.

Compréhension et repérage

Distribuer la fiche élève. Un corrigé est disponible en annexe.

On peut également recopier les questions au tableau à la place de donner la fiche. Les élèves auront alors besoin de plus de temps.

• Questions 1 et 2 : Il s'agit ici de faire repérer une des caractéristiques d'un texte, l'auteur et le titre. Si les enfants connaissent les frères Grimm, ils savent d'emblée que le texte est un conte.

• Questions 3 et 4 : Elles permettent une compréhension explicite du texte. Veiller à faire répondre avec des phrases.

• Question 5 : Les élèves doivent retrouver des phrases dans le texte (« Petit pot, cuis ! » et « Petit pot, cesse ! »). Faire colorier toutes les occurrences. On peut attirer l'attention sur les guillemets.

• Question 6 : Les élèves sont invités à lire et à comprendre des phrases pour les recopier dans l'ordre. On peut aider les élèves les plus fragiles en les faisant lire à voix haute et reformuler les phrases.

• Question 7 : Les élèves abordent une caractéristique du conte : le merveilleux.

Ils cherchent des objets magiques par deux, soit en s'inspirant de leurs lectures, soit en les inventant.

À l'issue d'une mise en commun au tableau, les élèves choisissent chacun quatre objets magiques, les dessinent sur une feuille séparée en quatre parties par pliage et inventent leur nom.

Prolongements

• Étudier d'autres contes des frères Grimm ou d'autres auteurs et repérer de nouvelles caractéristiques du conte.

• Réaliser une recherche sur les frères Grimm.

• Travailler sur d'autres versions de *La Bonne Bouillie*.

• Proposer un travail d'écriture sur le conte à partir d'un objet magique dont la mauvaise utilisation pourrait poser problème.

Le Graoully

Français	Lecture / écriture.
Objectif	Lire seul un texte comprenant des mots connus et inconnus.
Compétences	– Utiliser différentes stratégies pour lire des mots inconnus (déchiffrage, analogies…). – Étudier un son complexe : le son [gr]. – Écrire des mots sans erreur en utilisant ses connaissances orthographiques.
Durée	45 min.
Matériel	– Texte *Le Graoully* à vidéoprojeter 8. Texte. – Fiche individuelle de travail 8. Fiche élève.

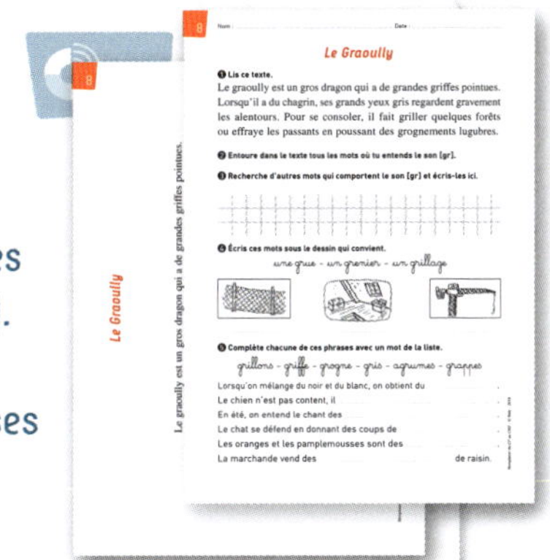
8 Nom : Date :

Le Graoully

1 Lis ce texte.

Le graoully est un gros dragon qui a de grandes griffes pointues. Lorsqu'il a du chagrin, ses grands yeux gris regardent gravement les alentours. Pour se consoler, il fait griller quelques forêts ou effraye les passants en poussant des grognements lugubres.

2 Entoure dans le texte tous les mots où tu entends le son [gr].

3 Recherche d'autres mots qui comportent le son [gr] et écris-les ici.

4 Écris ces mots sous le dessin qui convient.

une grue - un grenier - un grillage

5 Complète chacune de ces phrases avec un mot de la liste.

grillons - griffe - grogne - gris - agrumes - grappes

Lorsqu'on mélange du noir et du blanc, on obtient du .

Le chien n'est pas content, il .

En été, on entend le chant des .

Le chat se défend en donnant des coups de .

Les oranges et les pamplemousses sont des .

La marchande vend des de raisin.

Déroulement

Découverte du texte

Projeter ou recopier au tableau le texte sur le « graoully » avant de distribuer la fiche élève :

> Le graoully est un gros dragon qui a de grandes griffes pointues. Lorsqu'il a du chagrin, ses grands yeux gris regardent gravement les alentours. Pour se consoler, il fait griller quelques forêts ou effraye les passants en poussant des grognements lugubres.

Les élèves lisent silencieusement le texte au tableau ou sur la feuille, puis le reformulent collectivement.

Expliquer les mots incompris.

Ensuite, le texte est lu à voix haute par un élève. Lors de cette lecture collective, les enfants remarquent la fréquence du son [gr].

Mise en relation graphème-phonème

• Exercice 2 : Les élèves doivent repérer tous les mots qui comportent le son [gr] dans leur texte et les entourer.

L'exercice est ensuite corrigé au tableau.

Lors de la correction, ils doivent repérer le graphème *gr* qui est mis en évidence au tableau.

• Exercice 3 : Leur faire chercher collectivement d'autres mots qui comportent le son [gr]. Écrire ces mots au tableau au fur et à mesure.

Les élèves recopient ensuite la liste de mots sur leur feuille et entourent le graphème *gr* dans chacun d'eux.

Compréhension de mots et de phrases

• Exercice 4 : Les élèves écrivent les mots représentés par les images ; cela permet de vérifier leur compréhension des mots.

• Exercice 5 : Les élèves complètent les phrases avec un des mots de la liste. Lors de la correction, leur faire lire les phrases à voix haute, ce qui permet de mettre en évidence les non-sens.

Prolongement

Choisir quelques mots que les enfants devront apprendre à écrire et restituer lors d'une dictée de mots ou d'une production écrite.

L'Énorme Crocodile de Roald Dahl

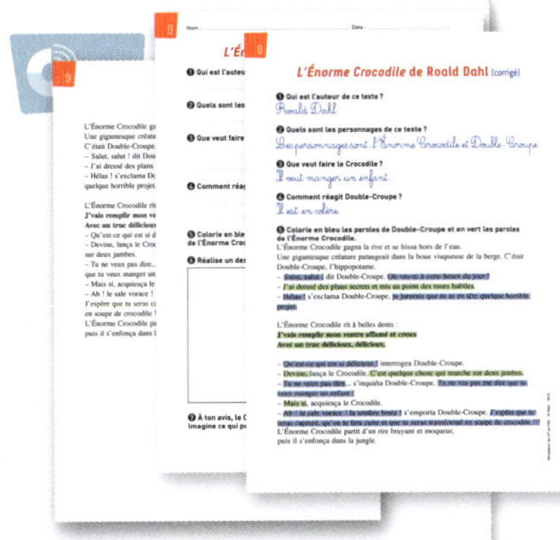

Français Lecture / littérature.

Objectif Lire et comprendre un texte de littérature de jeunesse.

Compétences
- Comprendre un texte et le manifester en répondant à des questions.
- Repérer certaines caractéristiques d'un texte (paratexte, dialogue).

Durée 45 min.

Matériel
- Texte *L'Énorme Crocodile* à vidéoprojeter et/ou à photocopier 9. Texte.
- Fiche individuelle de travail et son corrigé 9. Fiche élève et 9. Corrigé.

Déroulement

Découverte du texte (1)

Vidéoprojeter et/ou distribuer le texte : il s'agit d'un extrait du livre *L'Énorme Crocodile* écrit par Roald Dahl :

> L'Énorme Crocodile gagna la rive et se hissa hors de l'eau. Une gigantesque créature pataugeait dans la boue visqueuse de la berge.
> C'était Double-Croupe, l'hippopotame.
> – Salut, salut ! dit Double-Croupe. Où vas-tu à cette heure du jour ?
> – J'ai dressé des plans secrets et mis au point des ruses habiles.
> – Hélas ! s'exclama Double-Croupe, je jurerais que tu as en tête quelque horrible projet.

Lire d'abord le texte aux élèves jusqu'à « délicieux ».

Les élèves le reformulent oralement.

Le vocabulaire difficile est expliqué collectivement (par exemple, *se hisser, visqueuse, ruses*...).

Découverte du texte (2)

Les élèves lisent silencieusement la suite du texte :

> L'Énorme Crocodile rit à belles dents :
> J'vais remplir mon ventre affamé et creux
> Avec un truc délicieux, délicieux.
> – Qu'est-ce qui est si délicieux ? interrogea Double-Croupe.
> – Devine, lança le Crocodile. C'est quelque chose qui marche sur deux jambes.
> – Tu ne veux pas dire... s'inquiéta Double-Croupe. Tu ne vas pas me dire que tu veux manger un enfant !
> – Mais si, acquiesça le Crocodile.
> – Ah ! le sale vorace ! la sombre brute ! s'emporta Double-Croupe. J'espère que tu seras capturé, qu'on te fera cuire et que tu seras transformé en soupe de crocodile !!!
> L'Énorme Crocodile partit d'un rire bruyant et moqueur, puis il s'enfonça dans la jungle.
>
> Roald Dahl,
> extrait de *L'Énorme Crocodile*,
> traduction d'Odile George et Patrick Jusserand.
>

Ils le reformulent oralement.

Le vocabulaire difficile est expliqué collectivement (par exemple, *acquiescer, vorace*...).

Proposer des questions orales visant à s'assurer de la compréhension du texte. Par exemple : « Qui sont les deux personnages de l'histoire ? Comment s'appellent-ils ? De quoi s'inquiète Double-Croupe ? Quel est le plan du Crocodile ? » Etc.

Puis demander à des élèves de lire le texte à voix haute.

Compréhension et repérage

Distribuer la fiche élève. Elle permet de mettre à l'écrit ce qui a été vu et compris oralement. Un corrigé est disponible en annexe.

• Question 1 : Elle permet de repérer une des caractéristiques d'un texte, l'auteur (et le titre : le dire oralement). Présenter brièvement l'auteur.

• Questions 2 à 4 : Elles favorisent la compréhension explicite du texte. Veiller à faire répondre avec des phrases.

• Question 5 : Elle vise à étudier les caractéristiques d'un dialogue. Les élèves doivent repérer les phrases prononcées par les personnages. Il faut attirer leur attention sur les tirets qui indiquent le dialogue et déterminent les différents locuteurs. Enfin, il est intéressant de faire relever les verbes spécifiques aux dialogues : *dire, s'exclamer, interroger, acquiescer*... À l'issue de l'exercice, les élèves lisent le texte de manière dialoguée : un élève lit les paroles du crocodile et un autre celles de l'hippopotame (les verbes introducteurs de dialogue sont supprimés ou lus par un narrateur).

• Question 6 : Le dessin permet aux élèves de visualiser la scène donc d'affiner leur compréhension du texte. Ils peuvent donner un titre à leur dessin pour compléter ce travail synthétique.

• Question 7 : Préciser aux élèves qu'il n'y a pas de réponse « juste » ; c'est à chacun de laisser parler son imagination. Un court texte de deux ou trois lignes suffit.

Prolongements

• Proposer aux élèves d'écrire la suite du texte : la rencontre entre l'éléphant et le crocodile.

• Lire le roman en entier aux élèves (en plusieurs fois) ou leur proposer de le lire seuls.

10 CE2

La Princesse au petit pois de Hans Christian Andersen

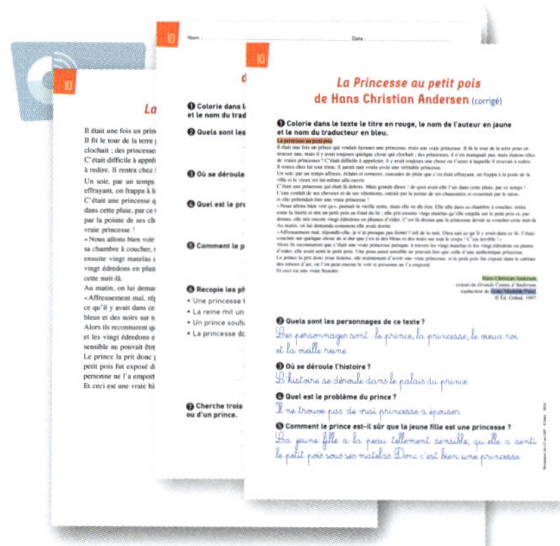

Français Lecture / littérature.

Objectif Lire et comprendre un texte du patrimoine littéraire.

Compétences
- Comprendre un texte et le manifester en répondant à des questions.
- Repérer les éléments caractéristiques du conte.
- Se construire une représentation du merveilleux.

Durée 45 min.

Matériel
- Texte *La Princesse au petit pois* à vidéoprojeter et/ou à photocopier 10. Texte.
- Fiche individuelle de travail et son corrigé 10. Fiche élève et 10. Corrigé.

Déroulement

Découverte du texte

Vidéoprojeter et/ou distribuer le texte *La Princesse au petit pois* :

> Il était une fois un prince qui voulait épouser une princesse, mais une vraie princesse. Il fit le tour de la terre pour en trouver une, mais il y avait toujours quelque chose qui clochait ; des princesses, il n'en manquait pas, mais étaient-elles de vraies princesses ? C'était difficile à apprécier, il y avait toujours une chose ou l'autre à laquelle il trouvait à redire. Il rentra chez lui tout triste, il aurait tant voulu avoir une véritable princesse.
> Un soir, par un temps affreux, éclairs et tonnerre, cascades de pluie que c'en était effrayant, on frappa à la porte de la ville et le vieux roi lui-même alla ouvrir.

C'était une princesse qui était là dehors. Mais grands dieux ! de quoi avait-elle l'air dans cette pluie, par ce temps ! L'eau coulait de ses cheveux et de ses vêtements, entrait par la pointe de ses chaussures et ressortait par le talon... et elle prétendait être une vraie princesse !
« Nous allons bien voir ça », pensait la vieille reine, mais elle ne dit rien. Elle alla dans sa chambre à coucher, retira toute la literie et mit un petit pois au fond du lit ; elle prit ensuite vingt matelas qu'elle empila sur le petit pois et, par-dessus, elle mit encore vingt édredons en plumes d'eider. C'est là-dessus que la princesse devait se coucher cette nuit-là.
Au matin, on lui demanda comment elle avait dormi.
« Affreusement mal, répondit-elle, je n'ai presque pas fermé l'œil de la nuit. Dieu sait ce qu'il y avait dans ce lit. J'étais couchée sur quelque chose de si dur que j'en ai des bleus et des noirs sur tout le corps ! C'est terrible ! »
Alors ils reconnurent que c'était une vraie princesse puisque, à travers les vingt matelas et les vingt édredons en plume d'eider, elle avait senti le petit pois. Une peau aussi sensible ne pouvait être que celle d'une authentique princesse.
Le prince la prit donc pour femme, sûr maintenant d'avoir une vraie princesse, et le petit pois fut exposé dans le cabinet des trésors d'art, où l'on peut encore le voir si personne ne l'a emporté.
Et ceci est une vraie histoire.

Hans Christian Andersen,
extrait de *Grands Contes d'Andersen*,
traduction de Anne-Mathilde Paraf.

Les élèves lisent silencieusement le texte qui est ensuite reformulé collectivement puis lu à voix haute.

Expliquer les éléments difficiles et s'assurer de la compréhension du texte par des questions orales, par exemple : « Quels sont les personnages de l'histoire ? De quoi parle le texte ? Pourquoi le prince est-il triste au début de l'histoire ? Pourquoi la jeune fille frappe-t-elle à la porte ? Pourquoi la reine place-t-elle un petit pois sous son lit ? Pourquoi la princesse a-t-elle mal dormi ? » Etc.

Compréhension et repérage

Distribuer la fiche élève : elle permet de mettre à l'écrit ce qui a été compris à l'oral et d'approfondir la compréhension du texte. Elle peut être travaillée sur deux séances. Un corrigé est disponible en annexe.

On peut également recopier les questions au tableau au lieu de donner la feuille.

• Question 1 : Cette question permet de repérer le paratexte par l'identification du titre, du nom de l'auteur et du traducteur. Si les élèves connaissent H. C. Andersen, ils savent d'emblée que nous sommes dans l'univers d'un conte.

• Questions 2 à 5 : Il s'agit ici de travailler la compréhension. Veiller à faire répondre avec des phrases. Le contexte typique du conte apparait : personnages nobles, château...

• Question 6 : Les élèves doivent lire et comprendre les phrases pour les recopier dans l'ordre, afin de mettre en évidence la chronologie du récit. On peut aider les élèves les plus fragiles en les faisant lire à voix haute et reformuler les phrases.

• Question 7 : Cette tâche vise à aborder une caractéristique du conte : le merveilleux. Pour répondre à cette question, les élèves cherchent des idées par deux. Une mise en commun au tableau permet de rassembler les idées. Un travail d'écriture peut suivre : chacun choisit une idée et rédige une fiche humoristique sous forme de mode d'emploi (par exemple, « Pour reconnaitre une vraie princesse, prenez... »).

Prolongements

• Étudier d'autres contes d'Andersen : *Les Habits neufs de l'empereur*, *Le Stoïque Soldat de plomb*, *La Petite Sirène*, *La Reine des neiges*, etc.

• Travailler sur d'autres versions de *La Princesse au petit pois* (il existe différents albums sur ce conte).

• Proposer un travail d'écriture autour du conte : un personnage cherche à prouver que l'autre est bien un vrai prince, dragon, sorcier, extraterrestre, etc.

Le Renard et les Oies de Jacob et Wilhelm Grimm

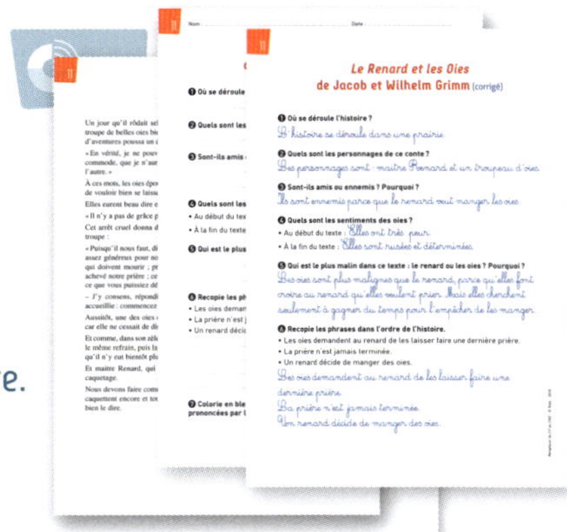

Français Lecture / littérature.

Objectif Lire et comprendre un texte du patrimoine littéraire.

Compétences
- Comprendre un texte et le manifester en répondant à des questions.
- Connaitre les caractéristiques d'un conte.
- Repérer l'ironie d'un texte.
- Lire à haute voix un texte dialogué.

Durée 45 min.

Matériel
- Texte *Le Renard et les Oies* à vidéoprojeter et/ou à photocopier 11. Texte.
- Fiche individuelle de travail et son corrigé 11. Fiche élève et 11. Corrigé.

Déroulement

Découverte du texte (1)

Vidéoprojeter et/ou distribuer le texte *Le Renard et les Oies* :

> Un jour qu'il rôdait selon sa coutume, maitre Renard arriva dans une prairie où une troupe de belles oies bien grasses se prélassaient au soleil. À cette vue, notre chercheur d'aventures poussa un éclat de rire effrayant, et s'écria : « En vérité, je ne pouvais pas venir plus à propos ! Vous voilà alignées de façon si commode, que je n'aurai guère besoin de me déranger pour vous croquer l'une après l'autre. »
> À ces mots, les oies épouvantées poussèrent des cris lamentables et supplièrent le Renard de vouloir bien se laisser toucher et de ne point leur ôter la vie. Elles eurent beau dire et beau faire, maitre Renard resta inébranlable.

« Il n'y a pas de grâce possible, répondit-il, votre dernière heure a sonné. »
Cet arrêt cruel donna de l'esprit à l'une des oies qui, prenant la parole au nom de la troupe :
« Puisqu'il nous faut, dit-elle, renoncer aux douces voluptés des prés et des eaux, soyez assez généreux pour nous accorder une dernière faveur qu'on ne refuse jamais à ceux qui doivent mourir ; promettez-nous de ne nous ôter la vie que lorsque nous aurons achevé notre prière ; ce devoir accompli, nous nous mettrons sur une ligne, de façon à ce que vous puissiez dévorer successivement les plus grasses d'entre nous.
– J'y consens, répondit le Renard. Votre demande est trop juste pour n'être point accueillie : commencez donc votre prière ; j'attendrai qu'elle soit finie. »
Aussitôt, une des oies entonna une interminable prière, un peu monotone à la vérité, car elle ne cessait de dire : « Caa-caaacaa ! »
Et comme, dans son zèle, la pauvre bête ne s'interrompait jamais, la seconde oie entonna le même refrain, puis la troisième, puis la quatrième, puis enfin toute la troupe, de sorte qu'il n'y eut bientôt plus qu'un concert de « caa-caa-caa » !
Et maitre Renard, qui avait donné sa parole, dut attendre qu'elles eussent fini leur caquetage.
Nous devons faire comme lui pour connaitre la suite de ce conte. Par malheur, les oies caquettent encore et toujours, d'où je conclus qu'elles ne sont pas si bêtes qu'on veut bien le dire.

Jacob et Wilhelm Grimm.

Lire le texte en entier (la langue étant difficile, une première lecture avec le ton aide à la compréhension, notamment de l'humour de la fin du texte).

Découverte du texte (2)

Les élèves lisent silencieusement le texte.

Des volontaires le relisent une nouvelle fois à voix haute, puis les élèves le reformulent.

Expliquer le vocabulaire difficile : on peut faire appel aux connaissances des élèves, au dictionnaire, au contexte (par exemple, *rôder*, *coutume*, *se prélasser*, *guère*, *ôter*, *inébranlable*, *voluptés*, *caquetage*…).

Poser des questions orales pour s'assurer que le texte est bien compris : « Qui sont les personnages ? Quelle est la situation de départ ? Que veut le renard ? Que proposent les oies ? Quelle est la situation finale ? » Etc.

Faire colorier en rouge le titre du conte et en jaune le nom des auteurs : les élèves connaissent probablement les frères Grimm, ils savent d'emblée que l'on est dans l'univers du conte.

Compréhension et repérage

Distribuer la fiche élève : elle permet de mettre à l'écrit ce qui a été compris à l'oral et d'approfondir la compréhension du texte. Elle peut être travaillée sur deux séances. On peut également recopier les questions au tableau à la place de donner la fiche. Un corrigé est disponible en annexe.

• Questions 1 à 5 : Il s'agit ici de travailler la compréhension explicite et fine du texte et d'en dégager le schéma narratif (situation initiale : le renard veut manger les oies ; le déroulement : les oies trouvent le subterfuge ; situation finale : les oies ne s'arrêtent pas de caqueter et le renard ne peut les manger). Veiller à faire répondre avec des phrases.

Lors de la correction, demander à quoi on reconnait qu'il s'agit d'un conte : les animaux parlent ; il y a les bons (les oies) et le méchant (le renard) ; les oies se heurtent à un obstacle (la volonté du renard de les manger).

Faire remarquer aux élèves que, cependant, ce conte s'éloigne de la tradition : alors que le renard est habituellement l'animal malin et que l'oie est considérée comme bête, les rôles sont ici inversés ! L'humour du texte repose sur cette inversion : le lecteur est pris à revers de ses attentes, de ses habitudes.

• Question 6 : Cette tâche permet de s'assurer de la bonne compréhension de la chronologie de l'histoire. Les élèves doivent lire et comprendre les phrases pour les recopier dans l'ordre.

• Question 7 : Les élèves repèrent les dialogues en s'appuyant sur la ponctuation (au besoin, faire entourer la ponctuation du dialogue : guillemets et tirets). On peut aussi faire relever les verbes introducteurs de dialogue (*s'écrier, répondre, dire*...).

Lecture orale

Une fois les dialogues mis en couleur, proposer une lecture dialoguée du conte : un élève joue le rôle du narrateur, un deuxième lit les paroles du renard, un troisième lit les paroles des oies.

Veiller à ce que la lecture se fasse de manière expressive et que le ton soit bien adapté.

Prolongements

• Récrire une fin plus « classique » de l'histoire : par exemple, les oies se font manger par le renard.

• Étudier d'autres contes des frères Grimm.

• Étudier d'autres textes mettant en scène un renard rusé : *Le Corbeau et le Renard* de La Fontaine, *Roule Galette* de N. Caputo, *Bon Appétit Monsieur Renard* de C. Boujon, etc.

12 CM2

Le Paysan et le Diable de Jacob et Wilhelm Grimm

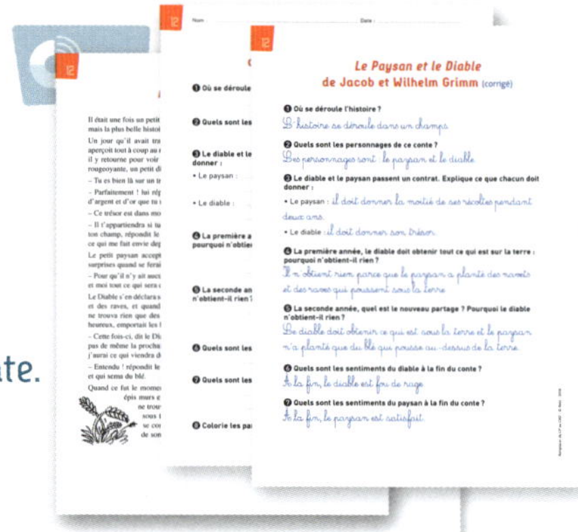

Français Lecture / littérature.

Objectif Lire et comprendre un texte du patrimoine littéraire.

Compétences
- Comprendre un texte et le manifester en répondant à des questions.
- Connaitre les caractéristiques d'un conte.
- Repérer l'ironie d'un texte.
- Lire à haute voix un texte dialogué.

Durée 45 min.

Matériel
- Texte *Le Paysan et le Diable* à vidéoprojeter et/ou à photocopier 12. Texte.
- Fiche individuelle de travail et son corrigé 12. Fiche élève et 12. Corrigé.

Déroulement

Découverte du texte (1)

Vidéoprojeter et/ou distribuer le texte *Le Paysan et le Diable* :

> Il était une fois un petit paysan futé, malin, rusé, dont on pourrait raconter mille tours ; mais la plus belle histoire est celle où il a si bien su rouler le Diable et se gausser de lui.
> Un jour qu'il avait travaillé sa terre jusqu'au crépuscule et s'apprêtait à rentrer, il aperçoit tout à coup au milieu de son champ un tas de braises incandescentes. Stupéfait, il y retourne pour voir cela de plus près, et voilà qu'il reconnait, assis dans la braise rougeoyante, un petit diable noir.
> – Tu es bien là sur un trésor ? s'informa le petit paysan.
> – Parfaitement ! lui répondit le diablotin, je suis assis sur un trésor qui contient plus d'argent et d'or que tu n'en as jamais vu de ta vie !

– Ce trésor est dans mon champ, donc il est à moi ! affirma le paysan.

– Il t'appartiendra si tu me donnes, pendant deux ans, la moitié de ce que reproduira ton champ, répondit le Diable. De l'or et de l'argent, j'en ai à ne savoir qu'en faire ; ce qui me fait envie depuis longtemps, ce sont des produits de la terre !

Le petit paysan accepta le marché, mais non sans préciser qu'il voulait éviter les surprises quand se ferait le partage.

– Pour qu'il n'y ait aucune contestation, dit-il, tu auras tout ce qui sera venu sur la terre, et moi tout ce qui sera dessous.

Le Diable s'en déclara satisfait ; mais le rusé petit paysan avait semé des navets et des raves, et quand le Diable s'en revint pour recevoir sa récolte, il ne trouva rien que des fanes sèches et jaunies, alors que le paysan, tout heureux, emportait les légumes qu'il tirait hors de terre.

– Cette fois-ci, dit le Diable, c'est toi qui as eu tout le profit, mais il n'en ira pas de même la prochaine fois : tu prendras ce qu'il y aura dessus, et moi j'aurai ce qui viendra dessous.

– Entendu ! répondit le paysan, qui se garda bien de semer des raves le moment venu, et qui sema du blé.

Quand ce fut le moment de récolter, il arriva dans son champ, moissonna ses beaux épis murs et ne laissa que le chaume bien ras. El le Diable, quand il vint, ne trouva rien d'autre à récolter dans le champ. Fou de rage, il disparut sous terre par la fissure d'un rocher. « À malin, malin et demi ! » se contenta de dire le petit paysan, tout en allant prendre possession de son trésor.

Jacob et Wilhelm Grimm,
extrait de *Contes de Grimm – vol. 2*,
traduction de Armel Guerne.

Lire le texte en entier (la langue étant difficile, une première lecture avec le ton aide à la compréhension, notamment la ruse du paysan).

Découverte du texte (2)

Les élèves lisent silencieusement le texte.

Des volontaires le relisent une nouvelle fois à voix haute, puis les élèves le reformulent.

Expliquer le vocabulaire difficile : on peut faire appel aux connaissances des élèves, au dictionnaire, au contexte (par exemple, *futé, rusé, braises incandescentes, se gausser, fanes, profit, chaume, ras...*).

Faire observer les illustrations de la rave et du blé, pour mieux les connaitre. On peut aussi les faire dessiner au tableau afin que les élèves visualisent la part du diable et la part du paysan.

Poser des questions orales visant à s'assurer de la compréhension du texte (notamment, faire repérer le marché et les conditions de sa mise en application).

Par exemple : « Qui sont les personnages ? Quelle est la situation initiale ? Que veut le diable ? Que propose le paysan ? Quel est ce marché ? Que plante le paysan la première année ? Qu'obtient alors le diable ? Que plante le paysan la seconde année ? Qu'obtient alors le diable ? Quelle est la situation finale ? » Etc.

Faire colorier en rouge le titre du conte et en jaune le nom des auteurs : les élèves connaissent probablement les frères Grimm, ils savent d'emblée que l'on est dans l'univers du conte.

Compréhension et repérage

Distribuer la fiche élève : elle permet de mettre à l'écrit ce qui a été compris à l'oral et d'approfondir la compréhension du texte. Elle peut être travaillée sur deux séances. On peut également recopier les questions au tableau à la place de donner la fiche. Un corrigé est disponible en annexe.

• Questions 1 à 5 : Il s'agit ici de travailler la compréhension explicite et fine du texte et d'en dégager le schéma narratif (situation initiale : le trésor du diable qui se trouve dans le champ du paysan doit être partagé entre les deux ; déroulement : les conditions du marché et les deux récoltes ; situation finale : le diable perd son trésor et disparait). Veiller à faire répondre avec des phrases.

Remarque : Pour la question 3, expliquer qu'il s'agit de décrire le contrat « général ». Le paysan doit donner la moitié de sa récolte pendant deux ans et le diable son trésor au bout de deux ans.

• Questions 6 et 7 : les élèves sont invités à interpréter plus finement, puisque la réponse n'est pas donnée explicitement. Ils s'appuient sur les réactions des personnages : le paysan fait une remarque pleine de satisfaction et le diable va se cacher. Expliquer la réflexion du paysan : « À malin, malin et demi ! »

• Question 8 : Les élèves repèrent les dialogues en s'appuyant sur la ponctuation (au besoin, faire entourer la ponctuation du dialogue : guillemets et tirets). On peut aussi faire relever les verbes introducteurs de dialogue (*dire, répondre, reprendre*...).

Lecture orale

Une fois les dialogues mis en couleur, proposer une lecture dialoguée du conte : un élève joue le rôle du narrateur, un deuxième lit les paroles du paysan, un troisième lit les paroles du diable.

Prolongements

• Présenter d'autres versions de ce conte.

• Étudier d'autres contes des frères Grimm.

• Étudier d'autres contes facétieux comme *Le Vaillant Petit Tailleur* de Jacob et Wilhelm Grimm ou *Les Habits neufs de l'empereur* de Hans Christian Andersen.

Écrire les nombres

Français	Écriture (copie).
Objectif	Écrire en respectant les normes de l'écriture.
Compétences	– Mémoriser le sens d'écriture des nombres. – Maitriser son attitude et son geste pour écrire avec aisance. – Produire un travail soigné.
Durée	30 min.
Matériel	2 fiches individuelles de travail 13. Fiche élève et 13. Fiche élève sur Seyès.

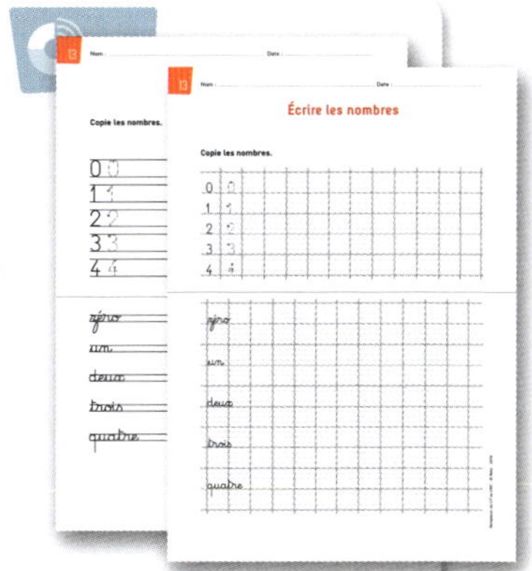

Déroulement

Échauffement

Proposer des petits exercices pour détendre les membres qui vont être sollicités :

– épaules et bras : debout, faire des tours avec les bras ;

– poignets : faire des tours avec les poignets ;

– mains : faire semblant de jouer de différents instruments de musique (piano, flute, guitare...).

Découverte du nombre à apprendre

Tracer le nombre à apprendre au tableau : commencer par l'écriture en chiffres puis en lettres.

Commenter le tracé avec précision.

Faire nommer plusieurs fois le nombre.

Découverte du geste

Les élèves tentent de reproduire le geste en traçant la lettre « en l'air » devant eux verticalement.

Affinement du geste (1)

Les élèves s'entrainent sur leur ardoise.

Veiller à ce que le geste soit bien compris avant de passer à l'étape suivante.

Affinement du geste (2)

Distribuer la première fiche élève 13. Fiche élève.

Les élèves écrivent sur la feuille. Ils peuvent aussi écrire dans un cahier avec une double ligne d'écriture.

Veiller à la tenue du crayon et à la position de l'élève qui doit être bien installé.

Exiger un travail soigné.

Affinement du geste (3)

Si l'étape précédente a bien été assimilée, distribuer la seconde fiche élève 13. Fiche élève sur Seyès.

Les élèves écrivent sur la feuille qui contient des lignes Seyès.

Veiller là encore à la tenue du crayon et à la position de l'élève, ainsi qu'au soin porté au travail de copie.

Remarque : une autre étape possible, avant de passer au cadre Seyès, est de faire écrire les nombres dans un cahier avec des doubles lignes plus étroites ou des interlignes plus larges...

Écrire des lettres, des mots

Français Écriture (copie).
Objectif Écrire en respectant les normes de l'écriture.
Compétences
- Mémoriser le sens d'écriture des lettres.
- Maitriser son attitude et son geste pour écrire avec aisance.
- Produire un travail soigné.

Durée 30 min.
Matériel 2 fiches individuelles de travail 14. Fiche élève et 14. Fiche élève sur Seyès.

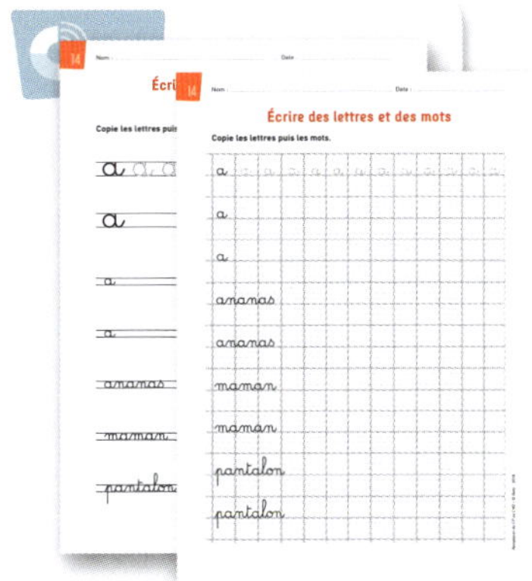

Déroulement

Échauffement

Proposer des petits exercices pour détendre les membres qui vont être sollicités :
- épaules et bras : debout, faire des tours avec les bras ;
- poignets : faire des tours avec les poignets ;
- mains : faire semblant de jouer de différents instruments de musique (piano, flute, guitare...).

Découverte de la lettre à apprendre

Tracer la lettre à apprendre au tableau.
Commenter le tracé avec précision.
Faire nommer plusieurs fois la lettre.

Découverte du geste

Les élèves tentent de reproduire le geste en traçant la lettre « en l'air » devant eux verticalement.

Affinement du geste (1)

Les élèves s'entrainent sur leur ardoise.
Veiller à ce que le geste soit bien compris avant de passer à l'étape suivante.

Affinement du geste (2)

Distribuer la première fiche élève 14. Fiche élève. L'annexe propose un travail (au choix) sur les lettres *a*, *g*, *l* et *u* et sur des mots simples qui comportent ces lettres. Une feuille vierge est également disponible pour être complétée par l'enseignant, afin qu'il choisisse la lettre correspondant aux besoins de ses élèves.

Les élèves écrivent sur la feuille. Ils peuvent aussi écrire dans un cahier avec une double ligne d'écriture.

Veiller à la tenue du crayon et à la position de l'élève qui doit être bien installé.

Exiger un travail soigné.

Affinement du geste (3)

Si l'étape précédente a bien été assimilée par les élèves, distribuer la seconde fiche élève 14. Fiche élève sur Seyès. Là encore, l'annexe propose un travail (au choix) sur les lettres *a*, *g*, *l* et *u*. Une feuille vierge est également disponible pour être complétée par l'enseignant, afin qu'il choisisse la lettre correspondant aux besoins de ses élèves.

Les élèves écrivent sur la feuille.

Veiller là encore à la tenue du crayon et à la position de l'élève, ainsi qu'au soin porté au travail de copie.

Remarque : une autre étape possible, avant de passer au cadre Seyès, est de faire écrire les lettres dans un cahier avec des doubles lignes plus étroites ou des interlignes plus larges...

Écrire un texte

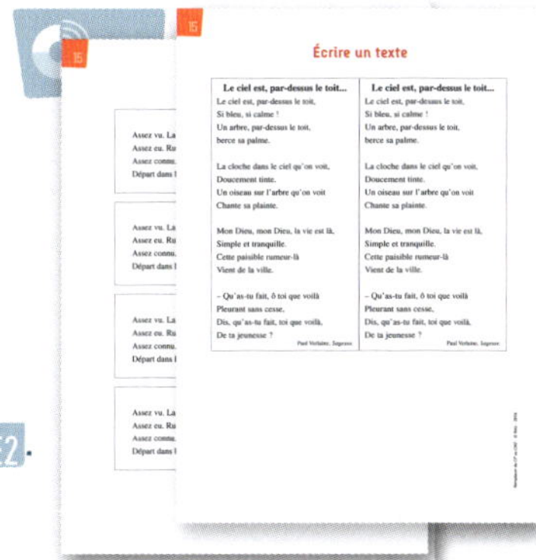

Français Écriture (copie).
Objectif Écrire en respectant les normes de l'écriture.
Compétences – Copier un texte sans erreur, en respectant la mise en page.
– Produire un travail soigné.
Durée 30 min.
Matériel – Texte *Départ* à photocopier 15. Texte CE1-CE2.
– Texte *Le ciel est, par-dessus le toit...* 15. Texte CM1-CM2.

Déroulement

Préparation de la copie

Proposer un texte d'une dizaine de lignes à copier : texte en prose ou poème appris en classe. Soit le copier au tableau, soit en distribuer une photocopie.

Exemple pour les CE1-CE2 :

Départ

Assez vu. La vision s'est rencontrée à tous les airs.
Assez eu. Rumeurs des villes, le soir, et au soleil, et toujours.
Assez connu. Les arrêts de la vie. – Ô Rumeurs et Visions !
Départ dans l'affection et le bruit neufs !

Arthur Rimbaud, *Illuminations*.

Exemple pour les CM1-CM2 :

Le ciel est, par-dessus le toit...

Le ciel est, par-dessus le toit,
Si bleu, si calme !
Un arbre, par-dessus le toit,
berce sa palme.

La cloche dans le ciel qu'on voit,
Doucement tinte.
Un oiseau sur l'arbre qu'on voit
Chante sa plainte.

Mon Dieu, mon Dieu, la vie est là,
Simple et tranquille.
Cette paisible rumeur-là
Vient de la ville.

– Qu'as-tu fait, ô toi que voilà
Pleurant sans cesse,
Dis, qu'as-tu fait, toi que voilà,
De ta jeunesse ?

Paul Verlaine, *Sagesse*.

Expliquer le sens. Demander aux élèves de relever les pluriels, les mots difficiles. Les analyser collectivement. Faire observer la ponctuation et la mise en page.

Copie du texte

Veiller à ce que la copie se fasse sans erreur : formation des lettres, orthographe, ponctuation. Demander à ce que la mise en page soit bien respectée.

Exiger un travail soigné.

Lors de la correction, individuelle, vérifier que :
- le texte a le bon nombre de lignes ;
- les majuscules et les points ont été bien copiés ;
- les lettres sont correctement formées ;
- il n'y a pas de fautes d'orthographe ;
- la mise en page a été respectée.

Prolongement

Faire apprendre le poème par cœur.

Écrire un acrostiche

Français Production d'écrit.

Objectif Écrire un texte court.

Compétences
- Repérer des contraintes formelles dans un texte.
- Rédiger un texte en respectant des contraintes formelles.

Durée 45 min.

Matériel
- Fiche individuelle de travail 16. Fiche élève.
- Grille d'autoévaluation 16. Autoévaluation.

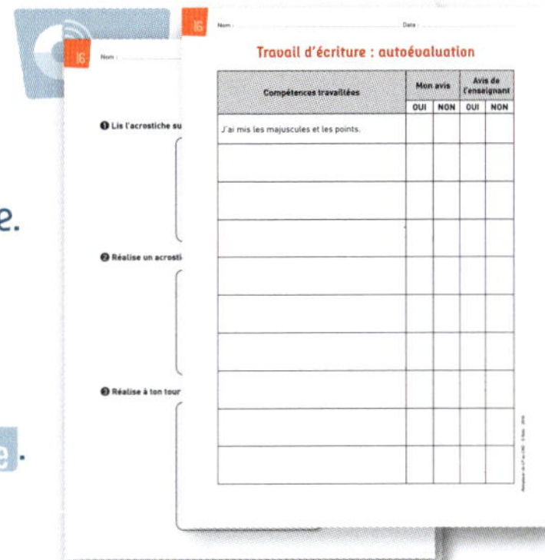
Travail d'écriture : autoévaluation

Compétences travaillées	Mon avis		Avis de l'enseignant	
	OUI	NON	OUI	NON
J'ai mis les majuscules et les points.				

Déroulement

Découverte d'un acrostiche

Distribuer la fiche élève.

• Exercice 1 : Recopier l'acrostiche LIVRE au tableau. Lire une première fois l'acrostiche de manière linéaire et faire repérer le thème commun à tous les mots : le livre. Ce mot est entouré en rouge sur la feuille de travail. Lire une seconde fois l'acrostiche et faire repérer le mot LIVRE écrit verticalement. Faire colorier sur la feuille de travail les lettres de ce mot en vertical. Indiquer aux élèves le nom de ce type d'écrit : un « acrostiche ».

Réalisation d'un acrostiche collectif

• Exercice 2 : Il s'agit de construire un acrostiche à partir du mot ÉCOLE. Aider les élèves à rechercher collectivement des mots autour du thème de l'école, dans un premier temps spontanément et sans contrainte. Puis sélectionner les termes commençant par les lettres qui conviennent (exemple : *écrire, cahier, copains, classe, opération, lire, langage, exercice, expérience, …*). Réaliser collectivement l'acrostiche à partir des mots trouvés.

Réalisation d'un acrostiche individuel

• Exercice 3 : Chaque élève choisit un mot et construit son acrostiche. Le mot choisi peut être un nom de personne, un nom de discipline scolaire, le nom de quelque chose qui se mange, etc. L'acrostiche terminé et corrigé est recopié proprement et joliment sur une feuille blanche lignée, sur une carte, etc. Au besoin, prévoir une séance supplémentaire pour la réalisation de la production finale.

Prolongement

Proposer la grille d'autoévaluation, à compléter par l'élève, puis par l'enseignant. Les compétences travaillées pourraient être : « J'ai choisi un mot à écrire verticalement et j'ai vérifié son orthographe. » / « Toutes mes lignes commencent par la lettre qui correspond au mot vertical. » / « J'ai respecté le thème. »

Écrire une liste

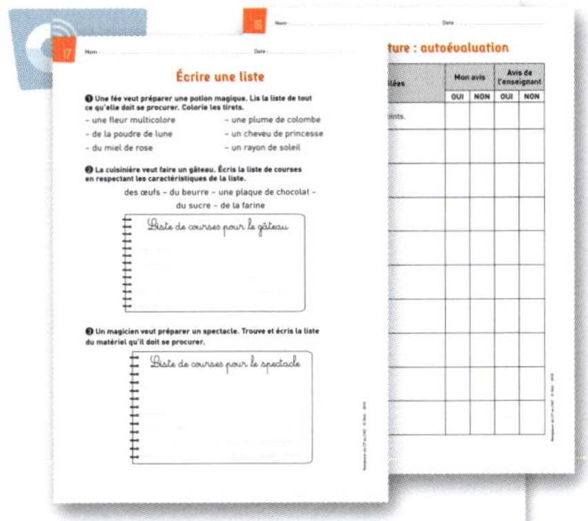
Écrire une liste

❶ Une fée veut préparer une potion magique. Lis la liste de tout ce qu'elle doit se procurer. Colorie les tirets.
- une fleur multicolore
- de la poudre de lune
- du miel de rose
- une plume de colombe
- un cheveu de princesse
- un rayon de soleil

❷ La cuisinière veut faire un gâteau. Écris la liste de courses en respectant les caractéristiques de la liste.
des œufs – du beurre – une plaque de chocolat – du sucre – de la farine

Liste de courses pour le gâteau

❸ Un magicien veut préparer un spectacle. Trouve et écris la liste du matériel qu'il doit se procurer.

Liste de courses pour le spectacle

Français	Production d'écrit.
Objectif	Écrire un texte court (une liste).
Compétences	– Repérer des contraintes formelles dans un texte. – Rédiger un texte en respectant des contraintes formelles.
Durée	45 min.
Matériel	– Fiche individuelle de travail 17. Fiche élève. – Reprendre la grille d'autoévaluation de la séquence 16 16. Autoévaluation.

Déroulement

Lecture d'une liste

Distribuer la fiche élève.

• Exercice 1 : Il s'agit de repérer les caractéristiques de la liste.

Lors d'un échange oral, amener les élèves à faire des remarques sur la disposition spatiale et la ponctuation : changement de ligne à chaque nouvel ingrédient, tirets et absence de points (et de majuscules).

Sur la fiche élève, faire colorier les tirets.

Écriture d'une liste : mise en forme

• Exercice 2 : Demander de mettre en forme la liste (de courses) en respectant la disposition spatiale et la ponctuation (caractéristiques présentées dans l'exercice 1).

Invention d'une liste imaginaire

• Exercice 3 : Inviter les élèves à inventer une liste d'objets imaginaires ou insolites en rapport avec le thème du magicien.

Dans une première phase, les élèves recherchent des idées dans leur cahier d'essai (chapeau noir, lapin qui vole, fausse main, etc.). Dans une seconde phase, ils écrivent la liste du matériel en respectant les contraintes formelles.

• Mise en commun : Après la correction, les élèves présentent leur liste à la classe.

On peut créer une grande liste de la classe sur affiche à partir des travaux des différents élèves.

Prolongements

• Proposer la grille d'autoévaluation à compléter par l'élève, puis par l'enseignant.

Les compétences travaillées pourraient être :

– « J'ai utilisé le titre à bon escient. »

– « J'ai changé de ligne à chaque nouvel élément. »

• Arts plastiques : représenter les ingrédients listés dans l'exercice 1 ou le matériel trouvé dans l'exercice 3.

• Grammaire : imposer une forme de liste en lien avec les notions grammaticales.

Par exemple : – faire commencer toutes les lignes par « des ... » ;
– faire associer le nom et l'adjectif (en respectant les accords).

Écrire un portrait

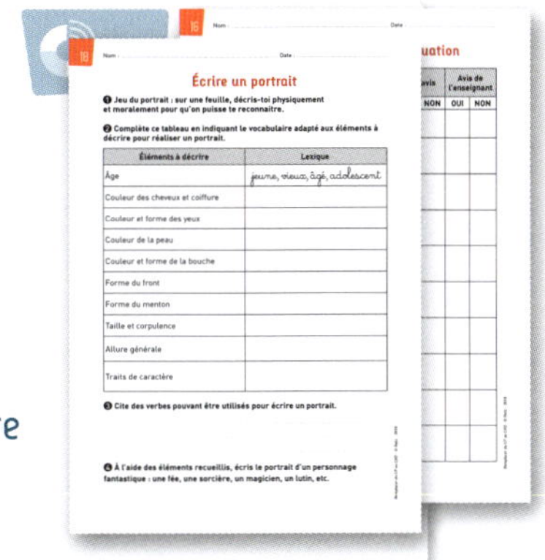

18 Nom : Date :

Écrire un portrait

❶ Jeu du portrait : sur une feuille, décris-toi physiquement et moralement pour qu'on puisse te reconnaitre.

❷ Complète ce tableau en indiquant le vocabulaire adapté aux éléments à décrire pour réaliser un portrait.

Éléments à décrire	Lexique
Âge	jeune, vieux, âgé, adolescent
Couleur des cheveux et coiffure	
Couleur et forme des yeux	
Couleur de la peau	
Couleur et forme de la bouche	
Forme du front	
Forme du menton	
Taille et corpulence	
Allure générale	
Traits de caractère	

❸ Cite des verbes pouvant être utilisés pour écrire un portrait.

❹ À l'aide des éléments recueillis, écris le portrait d'un personnage fantastique : une fée, une sorcière, un magicien, un lutin, etc.

Français Production d'écrit.

Objectif Écrire un texte descriptif (un portrait).

Compétences
- Rédiger un texte en respectant des contraintes formelles et relatives au contenu.
- Utiliser un vocabulaire précis.
- Réinvestir ses connaissances en grammaire et en orthographe.

Durée 2 ou 3 séances de 45 min.

Matériel
- Fiche individuelle de travail 18. Fiche élève.
- Reprendre la grille d'autoévaluation de la séquence 16 16. Autoévaluation.

Première séance

Déroulement

Découverte

Distribuer la fiche élève.

• Exercice 1 : C'est un travail rapide à effectuer sur une petite feuille. Il s'agit de prendre conscience des difficultés à réaliser une description physique (« je décris ce que je vois ») et morale (« je décris le caractère de la personne »).

Les textes sont échangés puis lus à voix haute. À l'écoute des textes, les élèves doivent se poser les questions suivantes :

– Le texte décrit-il bien la personne, peut-on la reconnaitre ?

– Retrouve-t-on les aspects physiques et moraux ?

Réalisation d'une grille d'écriture

• Exercice 2 : Les élèves doivent réaliser un tableau qui servira à faciliter l'écriture d'un portrait et à enrichir leur vocabulaire. Ce travail s'appuie sur les remarques faites lors du premier exercice.

La deuxième colonne est complétée individuellement, avant une mise en commun, qui doit aboutir à la création d'un tableau collectif.

Remarque : on peut chercher des portraits dans des œuvres de littérature connues des élèves pour compléter le tableau (par exemple, dans *Le Misanthrope* de Molière ou dans de courts extraits d'ouvrages de Balzac ou de Zola).

Seconde séance

Déroulement

Enrichissement du vocabulaire

• Exercice 3 : Chercher collectivement à enrichir les verbes utilisés (tels que *il a, il est, il porte, il met, il revêt, il fait, il se comporte,* etc.).

Rédaction d'un portrait

• Exercice 4 : À l'aide de la grille d'écriture réalisée, inviter les élèves à rédiger un premier jet. Demander de décrire physiquement (visage, taille, allure, vêtements et accessoires…) et moralement le personnage choisi.

Après correction de l'enseignant, faire réaliser un deuxième jet.

Lire collectivement les travaux des élèves.

Prolongements

• Proposer la grille d'autoévaluation à compléter par l'élève, puis par l'enseignant. Les compétences travaillées pourraient être :

– « Mon texte décrit les caractéristiques physiques de la personne. »

– « Mon texte décrit les caractéristiques morales de la personne. »

• En lien avec les arts plastiques : illustrer son texte.

La lettre imposée

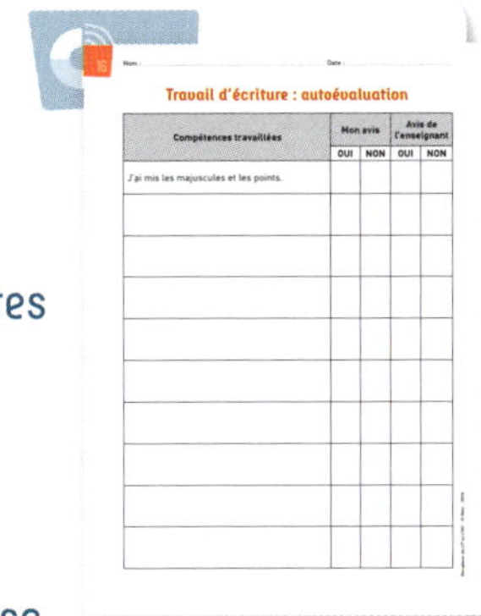
Travail d'écriture : autoévaluation

Compétences travaillées	Mon avis		Avis de l'enseignant	
	OUI	NON	OUI	NON
J'ai mis les majuscules et les points.				

Français Production d'écrit.

Objectif Écrire un petit texte en respectant une consigne de rédaction.

Compétences
- Rédiger un texte en respectant des contraintes formelles et relatives au contenu.
- Réinvestir ses connaissances en grammaire et en orthographe.
- Améliorer sa production en fonction des remarques de l'enseignant et du groupe classe.

Durée 2 ou 3 séances de 45 min.

Matériel Reprendre la grille d'autoévaluation de la séquence 16 16. Autoévaluation.

Première séance

Déroulement

Découverte

Écrire les phrases suivantes au tableau :

Simon salit sa veste grise.

Six serpents sifflent ensemble.

Salima souhaite danser sans cesse.

Demander aux élèves de lire les phrases, d'abord silencieusement, puis à voix haute. Ils vont repérer rapidement que tous les mots contiennent la lettre S.

Production du premier jet

Demander aux élèves de choisir une lettre et d'écrire à leur tour un petit texte (trois phrases) dans lequel chacun des mots contiendra la lettre choisie.

Il faut exclure les articles pour faciliter la tâche. On peut faire une liste de quelques mots autorisés, par exemple : *un, une, des, le, la, les...*

Il est possible de proposer aux élèves de choisir un thème pour faciliter l'entrée dans l'écriture (par exemple : le serpent, le soleil, la mer, un personnage, un évènement).

Première lecture

Les élèves auront rapidement envie de lire leur texte : proposer une première séance de mise en commun avant de procéder à l'amélioration des textes.

Les remarques faites par le groupe seront à prendre en compte lors de la réalisation du deuxième jet.

Corriger également individuellement la production des élèves.

Seconde séance

Déroulement

Amélioration du premier jet

À l'aide des diverses remarques et des outils de la classe, les élèves retravaillent leur texte en améliorant la langue, le contenu et la présentation :

- changement des mots qui ne respectent pas la consigne ;
- vérifications grammaticales (accords) ;
- vérifications lexicales à l'aide du dictionnaire ;
- soin apporté à la présentation et à l'écriture.

Mise en commun

Proposer de présenter les textes (lectures orales) et de les exposer ou de les relier sous la forme d'un petit recueil.

Prolongement

Proposer la grille d'autoévaluation à compléter par l'élève, puis par l'enseignant. Les compétences travaillées pourraient être :

- « Tous les mots contiennent la lettre imposée. »
- « Mon texte est cohérent. »

Écrire un calligramme

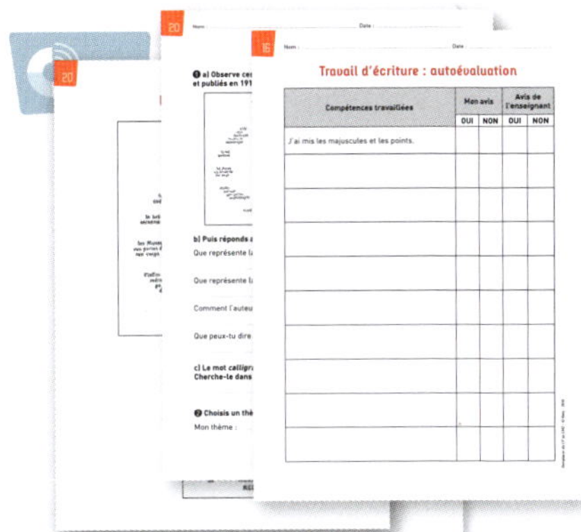

Français Production d'écrit.

Objectif Écrire un petit texte en respectant une consigne de composition.

Compétences
- Rédiger un texte en respectant des contraintes formelles et relatives au contenu.
- Réinvestir ses connaissances en grammaire et en orthographe.
- Améliorer sa production en fonction des remarques de l'enseignant et du groupe classe.

Durée 2 ou 3 séances de 45 min.

Matériel
- Textes calligrammes à vidéoprojeter 20. Texte.
- Fiche individuelle de travail 20. Fiche élève.
- Reprendre la grille d'autoévaluation de la séquence 16 16. Autoévaluation.

Première séance

Déroulement

Découverte

Distribuer la fiche élève et projeter les textes au tableau.

• Exercice 1 : Il s'agit ici de faire découvrir deux exemples de calligrammes d'Apollinaire, « La cravate » et « La montre ».

Pour chaque poème, laisser d'abord les élèves s'exprimer. Les remarques doivent porter sur deux aspects : le thème et la composition (les mots dessinent une forme en rapport avec le sujet).

Faire constater également que soit les mots tracent le contour de la forme, soit ils la remplissent. Faire écrire le titre au-dessous de chaque poème.

Expliquer le mot « calligramme ». Ce terme, inventé par Apollinaire, est composé de :

– *calli*, du grec *kallos*, signifiant « beauté » ;

– *gramme*, du grec *gramma*, signifiant « lettre » ou « écriture ».

Écriture

• Exercice 2 : Les élèves doivent choisir un thème à partir duquel ils vont réaliser un calligramme.

Ils peuvent choisir de représenter leur thème en « dessinant » les contours du sujet ou en « remplissant » une forme. On peut donner l'exemple de la montagne qui peut être représentée par une ligne brisée ou par la forme d'un triangle rempli avec des mots de plus en plus longs.

Si nécessaire, proposer des thèmes aux élèves : le soleil, l'escargot, la montagne, la mer, l'œil, la pluie, l'arbre, la fleur, etc. Choisir des thèmes facilement représentables par une forme.

Les élèves écrivent leur calligramme. Il y a plusieurs procédures possibles : certains élèves choisissent de rédiger un texte puis de lui donner une forme, d'autres dessinent une forme et rédigent leur texte à partir de celle-ci, d'autres veulent faire les deux en même temps.

Seconde séance

Déroulement

Amélioration du premier jet

Corriger individuellement les productions des élèves.

Inviter les élèves à améliorer leur premier jet en prenant en compte les corrections qui portent sur la langue, le contenu et en soignant particulièrement l'écriture et le dessin.

Mise en commun

Proposer de présenter les textes (lectures orales) et de les exposer ou de les relier sous la forme d'un petit recueil.

Prolongements

• Proposer la grille d'autoévaluation à compléter par l'élève, puis par l'enseignant. Les compétences travaillées (à saisir directement sur le PDF) pourraient être :

– « Mon texte a une forme reconnaissable. »

– « Le contenu de mon texte est en rapport avec sa forme. »

Connaitre l'alphabet

Français	Lexique.
Objectif	Maitriser l'ordre alphabétique.
Compétences	– Savoir nommer les lettres. – Savoir écrire les lettres. – Connaitre l'ordre des lettres.
Durée	30 min.
Matériel	2 fiches individuelles de travail 21. Fiche élève (1) et 21. Fiche élève (2).

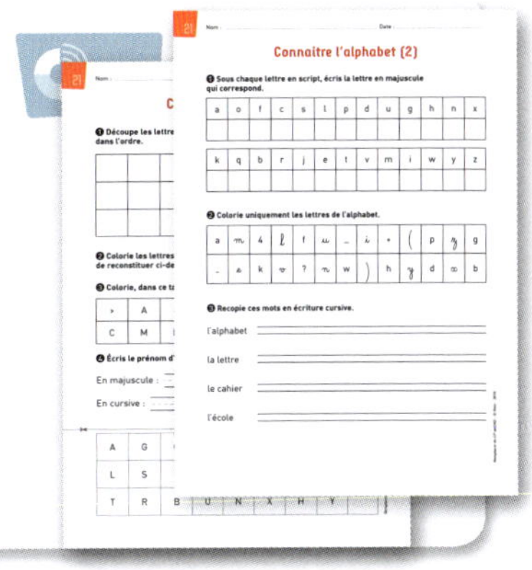

Déroulement

Travail préparatoire

À l'oral

Lire les lettres de l'alphabet au moyen de la frise murale de la classe.

Faire réciter l'alphabet au moyen du jeu du furet : un élève donne la première lettre, un autre la suivante, etc.

Demander de réciter l'alphabet en partant de n'importe quelle lettre.

Sur ardoise

Faire écrire les lettres dictées.

Faire écrire la lettre qui vient juste avant ou juste après la lettre donnée.

Les lettres majuscules

Distribuer la première fiche élève.

• Exercice 1 : Ce travail peut être fait avec l'aide d'une frise murale pour les élèves qui en ont besoin.

• Exercice 2 : Une fois l'exercice 1 validé et recopié sur la feuille de travail, proposer aux élèves de repérer les lettres de leur prénom.

• Exercice 3 : Lors de la correction, expliquer que tous les signes du tableau existent même s'il ne font pas partie de l'alphabet. Certains signes peuvent être définis.

• Exercice 4 : Les élèves ayant encore des difficultés doivent être aidés individuellement. Au besoin, il est possible de faire écrire son propre prénom et non celui d'un camarade ou encore un jour de la semaine.

Les lettres en script et en cursive

Distribuer la seconde fiche élève.

• Exercice 1 : Ce travail peut être fait avec l'aide d'une frise murale pour les élèves qui en ont besoin.

• Exercice 2 : Lors de la correction, rappeler que tous les signes du tableau existent, même s'il ne font pas partie de l'alphabet. Si les élèves ont réalisé l'exercice 3 de la fiche 21.1, leur demander quels signes ils reconnaissent (à condition qu'ils aient été expliqués).

• Exercice 3 : Cet exercice peut être réalisé dans un cahier. Pour les plus avancés, il est possible de proposer du Seyès.

Prolongement

Proposer un travail sur les voyelles et les consonnes.

Explorer le dictionnaire

Français	Lexique.
Objectif	Apprendre à utiliser le dictionnaire.
Compétences	– Classer des mots par ordre alphabétique. – Comprendre l'organisation du dictionnaire. – Utiliser ses différentes fonctions (recherche du sens ou de l'orthographe d'un mot).
Durée	2 séances de 45 min.
Matériel	2 fiches individuelles de travail 22. Fiche élève (1) et 22. Fiche élève (2).

Première séance

Déroulement

Distribuer la première fiche élève : elle porte sur la recherche d'un mot dans un dictionnaire.

Prévoir, selon le besoin des élèves, la réalisation sur plusieurs séances.

Travail de classement

• Exercice 1 : Ce travail de classement par ordre alphabétique est à renforcer par de nombreuses activités.

Par exemple :

- réciter l'alphabet,
- trouver la lettre d'avant ou celle d'après,
- ranger des lettres dans l'ordre alphabétique, puis des syllabes,
- etc.

Sur la feuille, les mots peuvent être écrits en ligne ou en colonne (la seconde proposition permettant de mieux visualiser l'ordre alphabétique).

Recherche de mots (positionnement)

• Exercices 2 et 3 : Il ne suffit pas de savoir que les mots sont rangés par ordre alphabétique, il faut aussi se familiariser à la manipulation de ce « gros livre » qu'est le dictionnaire. Les élèves, habitués à une lecture linéaire, s'entrainent avec ce type de travail à se repérer dans une liste en gérant les changements de page ou de colonne. Ici, le travail porte principalement sur la recherche des entrées du dictionnaire (où se situent-elles dans le dictionnaire ? Quel mot se trouve avant ou après ?). La réalisation peut s'effectuer en petits groupes, mais la correction est collective.

Seconde séance

Déroulement

Distribuer la seconde fiche élève : elle permet de comprendre l'organisation du dictionnaire et ses différentes utilisations. Prévoir là encore, selon le besoin des élèves, la réalisation sur plusieurs séances.

Recherche de mots (sens)

• Exercices 1 et 2 : Ce type d'exercice vise à rendre les élèves autonomes ; lorsqu'ils rencontrent un mot nouveau, ils doivent être capables de le comprendre (en le cherchant dans le dictionnaire) sans toujours demander une explication à l'adulte. Par ailleurs, il vise à familiariser les élèves à la polysémie d'un mot (il s'agit de comprendre que les différentes définitions numérotées correspondent aux différents sens du mot).

Recherche de mots (genre)

• Exercice 3 : Il permet d'apprendre à vérifier le genre d'un nom méconnu dans un dictionnaire, sans l'aide de l'adulte.

Recherche de mots (orthographe)

• Exercice 4 : Il vise à rendre les élèves autonomes lors d'une production d'écrit en classe ou dans la vie de tous les jours. Ils apprennent à vérifier l'orthographe d'un mot et à se corriger eux-mêmes, sans toujours demander la solution à l'adulte.

Utiliser le dictionnaire

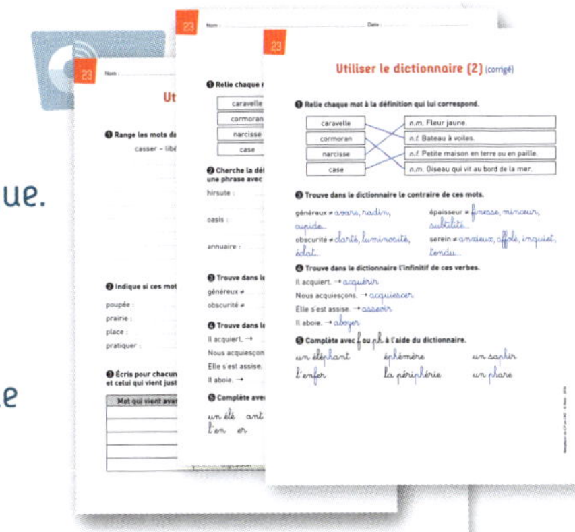

Français	Lexique.
Objectif	Renforcer sa maitrise du dictionnaire.
Compétences	– Classer des mots par ordre alphabétique. – Lire et comprendre un article de dictionnaire. – Utiliser ses différentes fonctions (recherche du sens ou de l'orthographe d'un mot).
Durée	2 séances de 45 min.
Matériel	– 2 fiches individuelles de travail 23. Fiche élève (1) et 23. Fiche élève (2). – Corrigé de la seconde fiche 23. Corrigé.

Première séance

Déroulement

Distribuer la fiche élève : elle porte sur la recherche d'un mot dans un dictionnaire. Prévoir, selon le besoin des élèves, la réalisation sur plusieurs séances.

Travail de classement

• Exercice 1 : Ce travail de classement par ordre alphabétique est à renforcer par de nombreuses activités.

Par exemple :
- réciter l'alphabet,
- trouver la lettre d'avant ou celle d'après,
- ranger des lettres dans l'ordre alphabétique, puis des syllabes,
- etc.

La copie des mots classés peut s'effectuer en ligne ou en colonne (*caisse, carré, casser, film, jardin, libération, lit, livre*).

Recherche de mots (positionnement)

• Exercices 2 et 3 : Les élèves, habitués à une lecture linéaire, s'entrainent avec ce type de travail à se repérer dans une liste, en gérant les changements de page ou de colonne. De plus, en recherchant la place de mots (ceux qui se trouvent avant ou après), ils renforcent leur maitrise de l'ordre alphabétique.

La réalisation peut s'effectuer en petits groupes, mais la correction est collective.

Seconde séance

Déroulement

Distribuer la seconde fiche élève : elle permet de comprendre l'organisation du dictionnaire et ses différentes utilisations. Prévoir là encore, selon le besoin des élèves, la réalisation sur plusieurs séances. Un corrigé est disponible en annexe.

Recherche de mots (sens)

• Exercices 1 et 2 : Ce type d'exercice vise à rendre les élèves autonomes ; lorsqu'ils rencontrent un mot nouveau, ils doivent être capables de le comprendre (en le cherchant dans le dictionnaire) sans toujours demander une explication à l'adulte.

• Exercice 3 : Ici, il s'agit de trouver le contraire d'un mot. Préciser que parfois le contraire est indiqué par le signe ≠, par l'abréviation *contr.* ou encore *ant.* ou *anton.*, qui signifie *antonyme*.

Travail sur les entrées du dictionnaire

• Exercice 4 : Ce type de travail permet d'apprendre à rechercher l'infinitif pour trouver un verbe conjugué. Faire remarquer que tous les verbes sont présentés à l'infinitif dans un dictionnaire.

Recherche de mots (orthographe)

• Exercice 5 : Il vise à rendre les élèves autonomes lors d'une production d'écrit en classe ou dans la vie de tous les jours. Ils apprennent à vérifier l'orthographe d'un mot et à se corriger eux-mêmes, sans toujours demander la solution à l'adulte.

Le dictionnaire

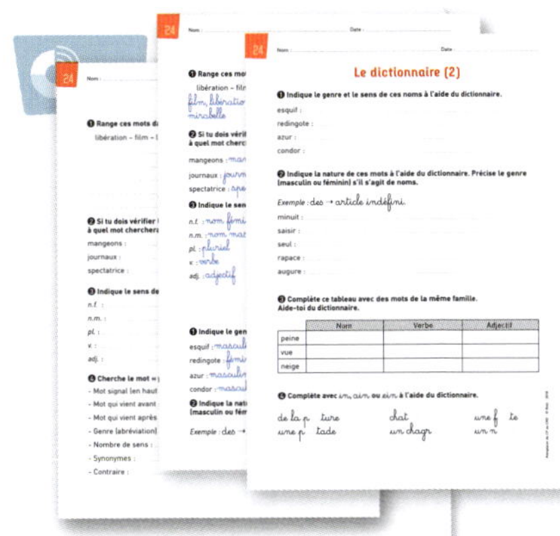

Français Lexique.
Objectif Maitriser l'utilisation du dictionnaire.
Compétences
- Classer des mots par ordre alphabétique.
- Lire et comprendre un article de dictionnaire.
- Utiliser ses différentes fonctions (recherche du sens ou de l'orthographe d'un mot).

Durée 2 séances de 45 min.
Matériel
- 2 fiches individuelles de travail 24. Fiche élève (1) et 24. Fiche élève (2).
- Corrigé pour les deux fiches 24. Corrigé.

Première séance

Déroulement

Distribuer la première fiche élève. Prévoir, selon le besoin des élèves, la réalisation sur plusieurs séances. Un corrigé est disponible en annexe.

Travail de classement

• Exercice 1 : Ce travail de classement par ordre alphabétique est à renforcer par de nombreuses activités (trouver la lettre d'avant ou celle d'après, ranger des lettres dans l'ordre alphabétique, puis des syllabes, puis des mots avec deux, trois ou quatre lettres communes, etc.).

Travail sur les entrées du dictionnaire

• Exercice 2 : Ce type de travail permet d'apprendre à rechercher correctement une entrée de dictionnaire : l'infinitif pour trouver un verbe conjugué ou le masculin pour trouver un mot au féminin. Faire remarquer que tous les verbes sont présentés à l'infinitif dans un dictionnaire, et tous les noms et adjectifs au masculin et au singulier.

• Exercice 3 : Cette activité permet de rappeler les différentes abréviations du dictionnaire et leur signification, afin d'en renforcer sa connaissance et de rendre plus aisée la recherche. Préciser que certaines abréviations peuvent varier selon les dictionnaires (par exemple, on peut trouver *f.* ou *fém.* pour *féminin*) : pour vérifier, montrer la liste des abréviations qui figure en début de dictionnaire.

• Exercice 4 : Il s'agit ici d'apprendre à repérer facilement un mot (grâce au mot signal qui figure en haut de la page) et de comprendre la composition d'un article de dictionnaire.

Seconde séance

Déroulement

Distribuer la seconde fiche élève. Prévoir là encore, selon le besoin des élèves, la réalisation sur plusieurs séances. Un corrigé est disponible en annexe.

Recherche de mots (sens, nature et genre)

Ce type d'exercices vise à rendre les élèves autonomes ; lorsqu'ils rencontrent un mot nouveau, ils doivent être capables de le comprendre (en le cherchant dans le dictionnaire) sans toujours demander une explication à l'adulte.

• Exercice 1 : Il s'agit de rechercher le genre et le sens de mots méconnus.

• Exercice 2 : Ce travail porte sur la nature des mots. Les élèves doivent ainsi comprendre que le dictionnaire donne aussi des informations utiles sur la grammaire.

Recherche de mots de la même famille

• Exercice 3 : Cette activité permet à la fois de travailler sur les familles et les différentes natures de mots.

Recherche de mots (orthographe)

• Exercice 4 : Il vise à rendre les élèves autonomes lors d'une production d'écrit en classe ou dans la vie de tous les jours. Ils apprennent à vérifier l'orthographe d'un mot et à se corriger eux-mêmes, sans toujours demander la solution à l'adulte.

Les contraires

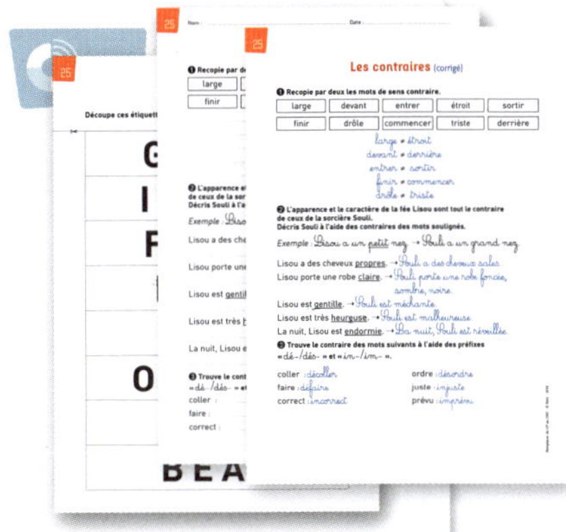

Français Lexique.

Objectif Classer, associer et manipuler des mots de sens contraire.

Compétences
- Regrouper des mots selon leur sens.
- Connaitre les préfixes contraires les plus courants.

Durée 2 séances de 45 min.

Matériel
- Un jeu d'étiquettes-mots par groupe de 2 ou 3 25. Étiquettes-mots.
- Fiche individuelle de travail et son corrigé 25. Fiche élève et 25. Corrigé.

Première séance

Déroulement

Découverte

Imprimer et/ou photocopier un jeu d'étiquettes-mots pour deux ou trois élèves.

Inviter les élèves à les classer (« mettre ensemble celles qui vont ensemble ») en choisissant eux-mêmes leur critère de regroupement.

Les classements sont réalisés par collage sur une grande feuille.

Mise en commun

Les travaux sont affichés au tableau. On regroupe les travaux qui ont le même type de classement. Un élève de chaque groupe explique les raisons de son classement.

À partir des classements qui portent sur le sens, mettre en évidence les couples de contraires : *grand-petit*, *impoli-poli*, *fermé-ouvert*, *laid-beau*.

Trace écrite

Concevoir une trace écrite avec les élèves dans laquelle devront apparaitre les éléments suivants : la notion de sens contraire, le fait que les contraires sont des mots (et non des groupes de mots). Éventuellement, préciser que le contraire d'un mot est toujours de même nature (adjectif ≠ adjectif, verbe ≠ verbe, etc.).

Seconde séance

Déroulement

Entrainement

Distribuer la fiche élève. Un corrigé est disponible en annexe.

• Exercice 1 : Il faut associer des mots de sens contraire. Ce sont volontairement des mots de différente nature : verbes, adjectifs, prépositions. Faire remarquer le signe ≠.

• Exercice 2 : Pour cet exercice, insister sur le fait que le contraire est un mot ; les constructions du type « pas propre, pas gentille » ne sont donc pas acceptées.

Si certains élèves sont bloqués, donner une liste des mots à trouver au tableau dans le désordre.

• Exercice 3 : Il s'agit ici de repérer une des règles de construction des mots contraires : certains contraires se forment avec un préfixe. Les préfixes proposés dans la fiche sont les plus courants.

On peut faire remarquer aux élèves que *in-* deviendra *im-* devant les lettres *m*, *b*, *p* (*imparfait, impoli, imbuvable, immature*) et que *dé-* deviendra *dés-* devant une voyelle ou un *h* (*déshabiller, désarmer, désillusion*).

Prolongement

Inviter les élèves à produire un petit texte avec la description de deux personnages ou animaux opposés. Règle imposée : utiliser au moins six « paires » de contraires. Faire illustrer le texte avec le dessin des deux personnages.

Exemples :

– décrire deux chats (couleur, longueur des poils, aspect des poils, corpulence, taille des différentes parties du corps) ;

– décrire un prince et un sorcier.

Les synonymes

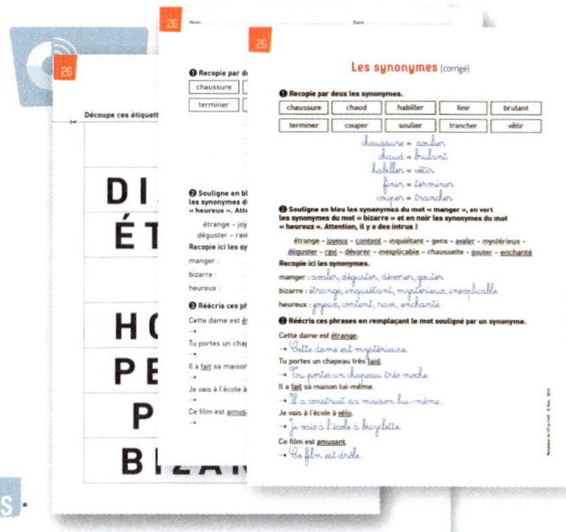

Français	Lexique.
Objectif	Classer, associer et manipuler des synonymes.
Compétences	– Regrouper des mots selon leur sens. – Enrichir son vocabulaire.
Durée	2 séances de 45 min.
Matériel	– Un jeu d'étiquettes-mots par groupe de 2 ou 3 26. Étiquettes-mots. – Fiche individuelle de travail et son corrigé 26. Fiche élève et 26. Corrigé.

Première séance

Déroulement

Découverte

Imprimer et/ou photocopier un jeu d'étiquettes-mots pour deux ou trois élèves.

Inviter les élèves à les classer (« mettre ensemble celles qui vont ensemble ») en choisissant eux-mêmes leur critère de regroupement.

Les classements sont réalisés par collage sur une grande feuille.

Mise en commun

Les travaux sont affichés au tableau. On regroupe les travaux qui ont le même type de classement. Un élève de chaque groupe explique les raisons de son classement.

À partir des classements qui portent sur le sens, mettre en évidence les couples de synonymes : *bus-car, discuter-parler, étrange-bizarre, horloge-pendule*. Introduire le terme *synonyme*. Faire remarquer que les synonymes ont la même nature.

Trace écrite

Concevoir une trace écrite avec les élèves dans laquelle devront apparaitre les éléments suivants : la notion de sens, le terme *synonyme*, le fait que les synonymes sont des mots (et non des groupes de mots) et qu'ils sont de même nature.

Seconde séance

Déroulement

Entrainement

Distribuer la fiche élève. Un corrigé est disponible en annexe.

• Exercice 1 : Il consiste à associer des synonymes. Ce sont volontairement des mots de différente nature : verbes, adjectifs, noms. Faire remarquer le signe =.

• Exercice 2 : Il s'agit ici de faire comprendre qu'un mot peut être synonyme de plusieurs autres termes. Faire constater que les synonymes ont des sens proches mais pas toujours identiques.

• Exercice 3 : Si certains élèves sont bloqués, écrire une liste des synonymes possibles au tableau dans le désordre. Lors de la correction, montrer qu'il y a plusieurs réponses possibles.

Prolongement

Faire rechercher des synonymes du mot *dire* pour écrire un petit texte dialogué.

Les préfixes

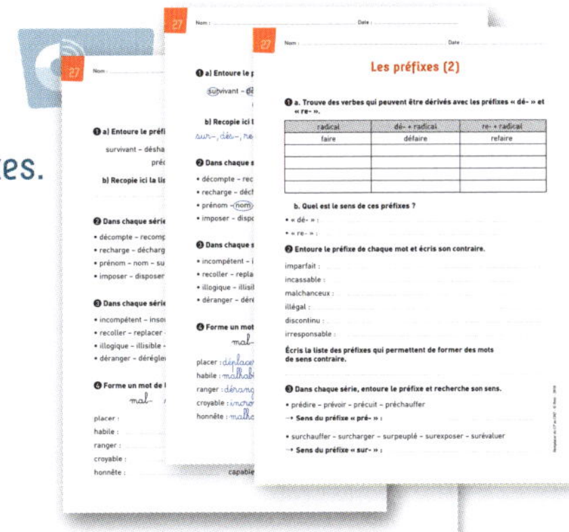

Français	Lexique.
Objectif	Classer, associer et manipuler des préfixes.
Compétences	– Regrouper des mots selon le sens de leur préfixe. – Connaitre et utiliser le vocabulaire concernant la construction de mots.
Durée	2 séances de 45 min.
Matériel	– 2 fiches individuelles de travail 27. Fiche élève (1) et 27. Fiche élève (2). – Corrigé des deux fiches 27. Corrigé.

Première séance

Déroulement

Découverte

Écrire au tableau les mots suivants dans le désordre :

réchauffer	*poli*
surchauffer	*malpoli*
échauffer	*impoli*
visible	*faire*
invisible	*défaire*
prévisible	*refaire*

Les élèves doivent regrouper les mots de la même famille : ils réalisent cet exercice au brouillon.

Mise en commun

Analyser collectivement les classements. Faire entourer le radical et faire souligner les préfixes. Les élèves recopient la correction au propre.

Introduire ici les termes spécifiques : *radical, mot de la même famille, préfixe*.

Trace écrite

Concevoir une trace écrite avec les élèves.

Les notions de *radical* et de *mot de la même famille* doivent y figurer ainsi que des exemples.

Seconde séance

Déroulement

Entrainement (1)

Distribuer la première fiche élève : elle vise à faire repérer des préfixes, à construire des mots avec des préfixes, à prendre conscience de la variété des préfixes. Un corrigé est disponible en annexe.

- Exercice 1 : Les élèves analysent les mots pour repérer les préfixes. Faire remarquer qu'il est plus facile de repérer le radical et d'en déduire ensuite le préfixe.
- Exercice 2 : Les élèves analysent les mots pour repérer celui qui n'a pas de préfixe. Cela permet de mettre en évidence le radical (*compte, charge, nom, poser*).
- Exercice 3 : Cette tâche est difficile, car certains mots commencent par des lettres identiques à celles d'un préfixe. Faire remarquer que ces mots n'ont pas de radicaux, ils ne sont donc pas construits avec un préfixe (mots à barrer : *intrus, renoncer, illusion, démanger*).
- Exercice 4 : Les élèves utilisent leurs connaissances pour former des mots. Ils peuvent utiliser le dictionnaire pour vérifier que leurs mots existent.

Entrainement (2)

Distribuer la seconde fiche élève : elle permet une analyse plus fine du sens des préfixes, afin de mieux comprendre les règles de construction de la langue et de prendre des indices lors de la rencontre d'un mot inconnu. Un corrigé est disponible en annexe.

- Exercice 1 : Il s'agit ici de rechercher des verbes qui peuvent s'associer avec les préfixes *dé-* ou *dés-* et *re-* ou *r-* (exemples : *coller - coiffer - boucher - classer - habiller - monter - placer*). Cela permet de mettre en évidence le sens de ces préfixes (*dé-* : indique l'éloignement, la séparation, la privation ; *re-* : indique un mouvement arrière, un retour, une répétition). La question sur le sens peut être traitée collectivement, car elle est relativement complexe selon les exemples.
- Exercice 2 : Cette activité permet de travailler sur les mots de sens contraire formés avec les préfixes spécifiques (qui ont un sens négatif ou privatif) : *in-* ou *im-, mal-, ir-, il-, dis-*. On peut en citer d'autres : *a- (amoral), dé- (dérégler), dés- (désavantage)*, etc.
- Exercice 3 : Cette activité permet là encore d'étudier le sens d'autres préfixes. Les élèves doivent déduire ce sens d'une liste de mots (*pré-* : indique une action faite « avant », antérieure ; *sur-* : indique une action excessive).

Prolongement

Réaliser un travail similaire sur les suffixes (par exemple, à l'aide de la séquence 28, page suivante).

Les suffixes

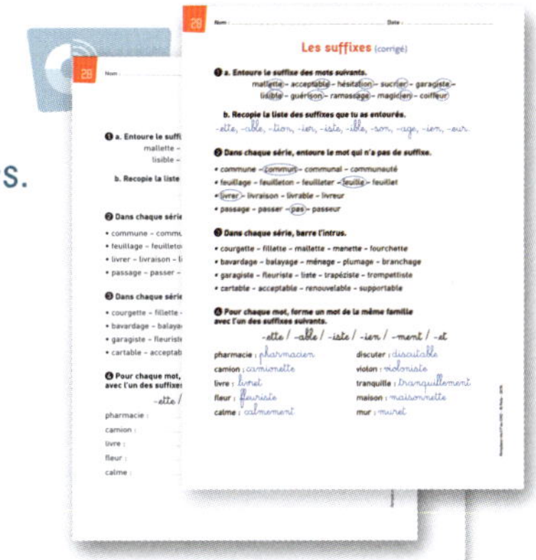

Français Lexique.
Objectif Classer, associer et manipuler des suffixes.
Compétences – Former des mots avec des suffixes.
– Connaitre et utiliser le vocabulaire concernant la construction de mots.
Durée 2 séances de 45 min.
Matériel – Fiche individuelle de travail et son corrigé 28. Fiche élève et 28. Corrigé.

Première séance

Déroulement

Découverte

Écrire au tableau les mots suivants dans le désordre :

cheval — *égaliser*
chevalier — *égalisation*
chevalerie — *rouge*
chevaleresque — *rougeur*
égal — *rougeâtre*
égaler — *rougir*

Les élèves doivent regrouper les mots de la même famille.

Mise en commun

Analyser collectivement les classements. Faire entourer le radical et faire souligner les suffixes. Les élèves recopient la correction au propre.

Introduire ici les termes spécifiques : *radical, mots dérivés* (ou *mots de la même famille*), *suffixe*.

Trace écrite

Concevoir une trace écrite avec les élèves.

Les notions de *radical* et de *mots dérivés* ou de *mots de la même famille* doivent y figurer ainsi que des exemples.

Seconde séance

Déroulement

Entrainement

Distribuer la fiche élève. Un corrigé est disponible en annexe.

• Exercice 1 : Les élèves doivent analyser et décomposer des mots pour repérer le radical et le suffixe.

• Exercice 2 : Les élèves doivent repérer le mot qui n'a pas de suffixe. Ils s'appuient sur la notion de radical : un mot qui ne peut pas être réduit n'a pas de suffixe. Faire remarquer *livrer*, qui n'est pas de la même famille que *livre* !

• Exercice 3 : Certains mots finissent comme des suffixes mais n'en sont pas. Là encore, les élèves s'appuient sur la notion de radical : si le mot n'a plus de sens sans les dernières lettres, alors ces lettres ne constituent pas un suffixe.

• Exercice 4 : Créer des mots avec des suffixes. Les élèves peuvent utiliser le dictionnaire. Préciser que, pour certains mots, il faut ajouter des lettres avant le suffixe (ex. : *tarte* → *tarte<u>l</u>ette* ; *camion* → *camion<u>n</u>ette*).

À l'issue de la correction, on peut indiquer le sens de certains suffixes, pour en faciliter l'utilisation. Par exemple : *-ette* ou *-et* sont des diminutifs ; *-able* signifie « qui peut être » ; *-ment* renvoie aux adverbes ; etc.

Le genre du nom

Français	Grammaire.
Objectif	Distinguer le nom féminin du nom masculin.
Compétences	– Connaitre et appliquer les notions de féminin et de masculin. – Savoir que l'article détermine le genre du nom.
Durée	45 min.
Matériel	– Fiche individuelle de travail et son corrigé 29. Fiche élève et 29. Corrigé.

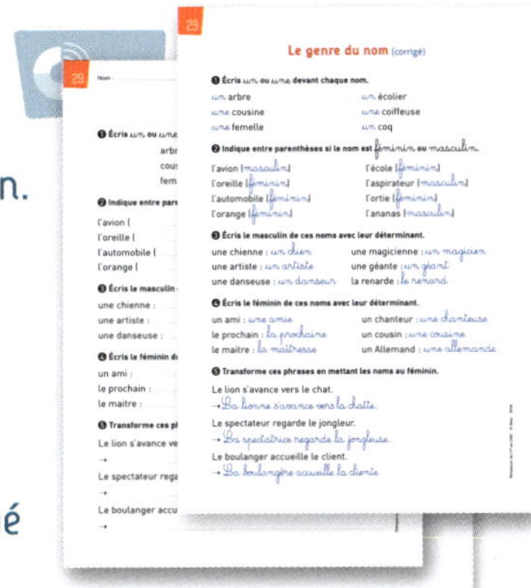

29

Le genre du nom (corrigé)

1 Écris un ou une devant chaque nom.

un arbre — un écolier
une cousine — une coiffeuse
une femelle — un coq

2 Indique entre parenthèses si le nom est féminin ou masculin.

l'avion (masculin) — l'école (féminin)
l'oreille (féminin) — l'aspirateur (masculin)
l'automobile (féminin) — l'ortie (féminin)
l'orange (féminin) — l'ananas (masculin)

3 Écris le masculin de ces noms avec leur déterminant.

une chienne : un chien — une magicienne : un magicien
une artiste : un artiste — une géante : un géant
une danseuse : un danseur — la renarde : le renard

4 Écris le féminin de ces noms avec leur déterminant.

un ami : une amie — un chanteur : une chanteuse
le prochain : la prochaine — un cousin : une cousine
le maitre : la maîtresse — un Allemand : une allemande

5 Transforme ces phrases en mettant les noms au féminin.

Le lion s'avance vers le chat.
→ La lionne s'avance vers la chatte.
Le spectateur regarde le jongleur.
→ La spectatrice regarde la jongleuse.
Le boulanger accueille le client.
→ La boulangère accueille la cliente.

Déroulement

Rappel (1)

Écrire ces mots au tableau :

la mer, un chat, une école, le soleil.

Faire classer ces mots en deux groupes : d'un côté les noms masculins, de l'autre les noms féminins.

Sur leur cahier, les élèves recopient les noms masculins en vert et les noms féminins en rouge.

Demander ensuite aux élèves de souligner le déterminant et d'entourer le nom. Faire remarquer que l'on peut échanger *un* et *le* ou *la* et *une* mais que *le* et *la* ou *un* et *une* ne peuvent s'inverser.

Évoquer le *l'* à partir du mot *école* (*l'école*).

Rappel (2)

Écrire ces autres mots au tableau (dans le désordre) :

un ami, une amie, un voisin, une voisine, un chat, une chatte.

Faire regrouper les paires. Les élèves sont amenés à remarquer la présence du *–e* dans le déterminant et dans le nom.

Demander à un élève de venir entourer les *–e* du féminin.

Donner d'autres exemples de mots transformés au féminin (*un comédien, une comédienne* ; *un serveur, une serveuse* ; etc.).

Trace écrite

Élaborer collectivement un mémo pour la classe en précisant que :

- on reconnait les noms masculins à l'aide du déterminant *un* ou *le* (ou *l'*) ;
- on reconnait les noms féminins à l'aide du déterminant *une* ou *la* (ou *l'*) ;
- on ajoute souvent un -*e* pour former le féminin d'un nom.

Entrainement

Distribuer la fiche élève. Un corrigé est disponible en annexe.

• Exercice 1 : Cette activité ne devrait pas poser de problème, elle permet de renforcer la connaissance du déterminant. En cas de doute, rappeler que le nom féminin porte souvent un -*e*.

• Exercice 2 : Il s'agit ici de travailler le genre des noms qui sont accompagnés du *l'*. Préciser qu'il peut être utile de le remplacer par *un* ou *une*.

• Exercices 3 à 5 : Ces activités portent sur la transformation de noms au féminin ou au masculin. Préciser que, dans le cas du féminin, il faut ajouter un -*e* et parfois d'autres lettres.

Le verbe *avoir* au présent

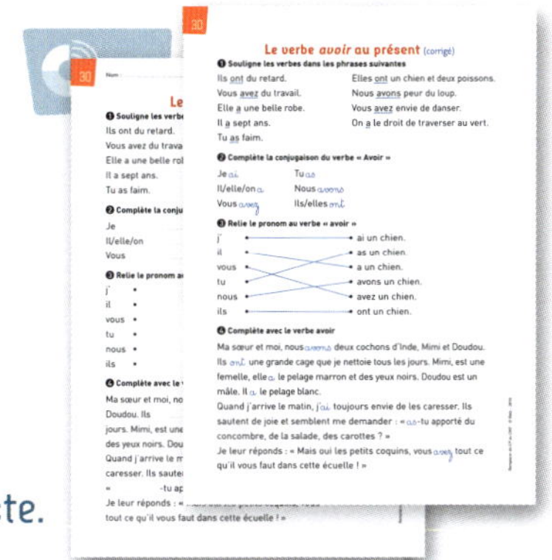
30
Le verbe *avoir* au présent (corrigé)
❶ Souligne les verbes dans les phrases suivantes
Ils ont du retard. Elles ont un chien et deux poissons.
Vous avez du travail. Nous avons peur du loup.
Elle a une belle robe. Vous avez envie de danser.
Il a sept ans. On a le droit de traverser au vert.
Tu as faim.
❷ Complète la conjugaison du verbe « Avoir »
Je ai Tu as
Il/elle/on a Nous avons
Vous avez Ils/elles ont
❸ Relie le pronom au verbe « avoir »
j' • • ai un chien.
il • • as un chien.
vous • • a un chien.
tu • • avons un chien.
nous • • avez un chien.
ils • • ont un chien.
❹ Complète avec le verbe avoir
Ma sœur et moi, nous avons deux cochons d'Inde, Mimi et Doudou. Ils ont une grande cage que je nettoie tous les jours. Mimi, est une femelle, elle a le pelage marron et des yeux noirs. Doudou est un mâle. Il a le pelage blanc.
Quand j'arrive le matin, j'ai toujours envie de les caresser. Ils sautent de joie et semblent me demander : « as-tu apporté du concombre, de la salade, des carottes ? »
Je leur réponds : « Mais oui les petits coquins, vous avez tout ce qu'il vous faut dans cette écuelle ! »

Français	Conjugaison.
Objectif	Connaitre la conjugaison du verbe *avoir* au présent.
Compétences	– Identifier le verbe dans une phrase. – Connaitre les pronoms personnels. – Chercher l'infinitif d'un verbe. – Utiliser la conjugaison du verbe *avoir* pour orthographier un texte de manière correcte.
Durée	45 min.
Matériel	Fiche individuelle de travail et son corrigé 30. Fiche élève et 30. Corrigé.

Déroulement

Rappel

Demander aux élèves : « Qu'est-ce qu'un verbe ? » « Comment trouve-t-on le verbe dans une phrase ? »

Rappeler que le verbe dit ce qu'on fait ou ce qu'on est dans une phrase.

On peut le trouver en changeant le temps de la phrase.

On peut également le trouver en mettant la phrase à la forme négative, le verbe est alors encadré par « ne ... pas ».

Découverte

Exercice 1 : Les élèves cherchent les verbes. La correction se fait au tableau, les phrases sont recopiées par l'enseignant.

Lorsque l'exercice est entièrement corrigé, demander aux élèves de chercher l'infinitif des verbes.

Faire remarquer qu'il s'agit toujours du verbe *avoir*.

« Avec toutes ces phrases, nous pouvons écrire la conjugaison du verbe *avoir*. »

Trace écrite

Exercice 2 : Rappeler aux élèves que les pronoms s'écrivent toujours dans le même ordre pour apprendre une conjugaison.

L'exercice est réalisé au tableau avec l'enseignant, puis les élèves recopient la conjugaison sur leur fiche.

Entrainement

Exercice 3 : Les élèves peuvent se référer à l'exercice 2 pour réaliser ce travail. Il s'agit d'associer le verbe au pronom qui correspond. Demander aux élèves de relier à la règle avec le crayon à papier.

Exercice 4 : Les élèves peuvent se référer à l'exercice 2 pour réaliser cet exercice. Il faut repérer le pronom personnel sujet pour trouver la forme du verbe qui correspond.

On peut faire entourer le pronom personnel sujet.

Prolongement

Faire recopier la conjugaison du verbe *avoir* dans le cahier de leçons. Elle devra être apprise par cœur.

Le verbe *être* au présent

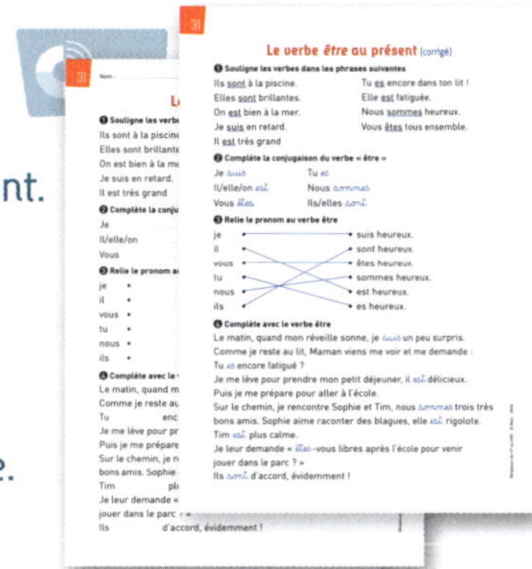
31
Le verbe *être* au présent (corrigé)
❶ Souligne les verbes dans les phrases suivantes
Ils sont à la piscine. Tu es encore dans ton lit !
Elles sont brillantes. Elle est fatiguée.
On est bien à la mer. Nous sommes heureux.
Je suis en retard. Vous êtes tous ensemble.
Il est très grand
❷ Complète la conjugaison du verbe « être »
Je suis Tu es
Il/elle/on est Nous sommes
Vous êtes Ils/elles sont
❸ Relie le pronom au verbe être
je • • suis heureux.
il • • sont heureux.
vous • • êtes heureux.
tu • • sommes heureux.
nous • • est heureux.
ils • • es heureux.
❹ Complète avec le verbe être
Le matin, quand mon réveille sonne, je suis un peu surpris.
Comme je reste au lit, Maman viens me voir et me demande :
Tu es encore fatigué ?
Je me lève pour prendre mon petit déjeuner, il est délicieux.
Puis je me prépare pour aller à l'école.
Sur le chemin, je rencontre Sophie et Tim, nous sommes trois très bons amis. Sophie aime raconter des blagues, elle est rigolote.
Tim est plus calme.
Je leur demande « êtes-vous libres après l'école pour venir jouer dans le parc ? »
Ils sont d'accord, évidemment !

Français	Conjugaison.
Objectif	Connaitre la conjugaison du verbe *être* au présent.
Compétences	– Identifier le verbe dans une phrase. – Connaitre les pronoms personnels. – Chercher l'infinitif d'un verbe. – Utiliser la conjugaison du verbe *être* pour orthographier un texte de manière correcte.
Durée	45 min.
Matériel	Fiche individuelle de travail et son corrigé 31. Fiche élève et 31. Corrigé.

Déroulement

Rappel

Demander aux élèves : « Qu'est-ce qu'un verbe ? » « Comment trouve-t-on le verbe dans une phrase ? »

Rappeler que le verbe dit ce qu'on fait ou ce qu'on est dans une phrase.

On peut le trouver en changeant le temps de la phrase.

On peut également le trouver en mettant la phrase à la forme négative, le verbe est alors encadré par « ne... pas ».

Découverte

• Exercice 1 : Les élèves cherchent les verbes. La correction se fait au tableau, les phrases sont recopiées par l'enseignant.

Lorsque l'exercice est entièrement corrigé, demander aux élèves de chercher l'infinitif des verbes.

Faire remarquer qu'il s'agit toujours du verbe *être*.

« Avec toutes ces phrases, nous pouvons écrire la conjugaison du verbe *être*. »

Trace écrite

• Exercice 2 : Rappeler aux élèves que les pronoms s'écrivent toujours dans le même ordre pour apprendre une conjugaison.

L'exercice est réalisé au tableau avec la maitresse, puis les élèves recopient la conjugaison sur leur fiche.

Entrainement

• Exercice 3 : Les élèves peuvent se référer à l'exercice 2 pour réaliser ce travail. Il s'agit d'associer le verbe au pronom qui correspond. Demander aux élèves de relier à la règle avec le crayon à papier.

• Exercice 4 : Les élèves peuvent se référer à l'exercice 2 pour réaliser cet exercice. Il faut repérer le pronom personnel sujet pour trouver la forme du verbe qui correspond.

On peut faire entourer le pronom personnel sujet.

Prolongement

Faire recopier la conjugaison du verbe *être* dans le cahier de leçons. Elle devra être apprise par cœur.

Le présent des verbes réguliers

Français	Conjugaison.
Objectif	Conjuguer au présent de l'indicatif des verbes en *-er* et en *-ir*.
Compétence	Connaitre les règles de formation et les terminaisons des temps simples étudiés.
Durée	45 min.
Matériel	– Fiche individuelle de travail et son corrigé 32. Fiche élève et 32. Corrigé.

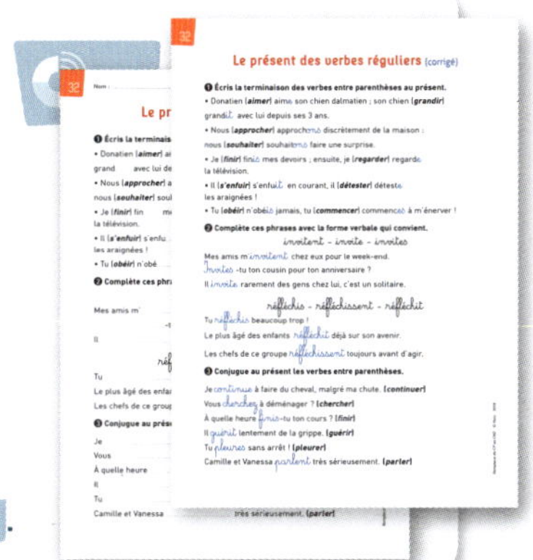
Le présent des verbes réguliers (corrigé)

Déroulement

Rappel

Demander à des élèves de conjuguer oralement au présent quelques verbes des 1er et 2e groupes. Par exemple : *jouer, chanter, grandir, finir*.

Écrire au tableau la conjugaison de *jouer* (séparer le singulier et le pluriel). Demander à un élève de souligner en rouge les terminaisons. Encadrer le radical. Inviter les enfants à relire les pronoms personnels avec leur terminaison : « *je* avec *–e*, *tu* avec *–s*, *il* avec *–e*, etc. ».

Faire de même avec *finir*.

Demander à un élève d'écrire la conjugaison de *chanter* au tableau et à un autre de conjuguer *grandir*. La correction est immédiate et collective.

Trace écrite

Sur leur cahier, les élèves écrivent la conjugaison de *chanter* et de *finir*. Les pronoms personnels sont en vert et les terminaisons en rouge. Les mots *pronoms personnels*, *radical* et *terminaison* figurent dans le mémo.

Entrainement

Distribuer la fiche élève. Un corrigé est disponible en annexe.

• Exercice 1 : Cette activité permet de réviser les principales terminaisons des verbes en *-er* et en *-ir*. Au besoin, insister de nouveau sur la formation des verbes au présent (personne, radical et terminaison).

• Exercice 2 : Il s'agit ici de distinguer les formes verbales d'un même verbe qui se ressemblent.

• Exercice 3 : L'activité vise à renforcer l'acquisition des formes régulières du présent.

Le passé composé

Français	Conjugaison.
Objectif	Conjuguer des verbes au passé composé.
Compétences	– Distinguer un temps simple et un temps composé. – Connaitre les règles de formation et les terminaisons des temps étudiés. – Les appliquer à des verbes non étudiés.
Durée	45 min.
Matériel	– Fiche individuelle de travail et son corrigé 33. Fiche élève et 33. Corrigé.

33 Nom : Date :

Le passé composé (corrigé)

❶ **Entoure en bleu les verbes conjugués avec « avoir » et en vert les verbes conjugués avec « être ».**

Elle est passée par là. Avez-vous vu ce film ?
Il a cassé le vase. Ils sont allés en ville.
J'ai trouvé un billet de 5 euros. Ils ont construit une cabane.
Nous sommes partis hier. Nous avons dîné au restaurant.

❷ **Complète ces phrases avec « être » ou « avoir ».**

• Quand le chat est arrivé, la souris s'est réfugiée dans son trou sous le plancher.
• Jim a percé un trou dans le mur, alors de l'eau s'est échappée.
• Tu as fait une grande promenade, tu t'es beaucoup dépensé !
• Ils ont eu un accident de voiture, mais heureusement ils n'ont pas été blessés.

❸ **Transforme ces phrases au passé composé.**

Nils regarde la cigogne posée sur le haut de la cheminée.
Nils a regardé la cigogne posée sur le haut de la cheminée
Tony et Maggie cuisinent ensemble.
Tony et Maggie ont cuisiné ensemble
Maëlle part en vacances.
Maëlle est partie en vacances
Les voleurs s'enfuient par la porte de derrière.
Les voleurs se sont enfuis par la porte de derrière.
Vous glissez sur le verglas.
Vous avez glissé sur le verglas

❹ **Complète ces phrases avec un sujet qui convient.**

Il/Elle a plongé dans l'eau. Ils/Elles ont attendu longtemps.
Elles sont descendues du train. Tu as enfin rangé ta chambre.
Elle est venue en voiture. Ils se sont allongés dans l'herbe.

Déroulement

Remarque : Cette fiche n'est qu'une révision du passé composé. Elle ne peut être utilisée si les enfants ne l'ont pas abordé précédemment.

Rappel (1) : un temps composé

Écrire ce petit texte au tableau :

Pendant que je me promenais, la pluie est tombée. J'ai voulu me protéger, mais je n'ai pas trouvé d'abri. La pluie continuait de me mouiller. J'ai fini par rentrer... Mais j'ai attrapé froid !

Demander à quel temps est le récit (passé).

Inviter un élève à souligner les verbes au tableau. Amener les élèves à citer l'imparfait et le passé composé.

Préciser que le passé composé s'emploie avec l'imparfait dans un récit. En général, l'imparfait sert à décrire l'évènement ou la situation ; le passé composé sert à amener des actions soudaines.

Faire remarquer que l'imparfait est un temps simple et que le passé composé, comme son nom l'indique, est un temps composé.

Annoncer que la suite du travail va principalement porter sur le passé composé.

Rappel (2) : le participe passé

Recopier les phrases suivantes.

La pluie est tombée. J'ai fini par rentrer. J'ai attrapé froid.

Demander à un élève de souligner de nouveau les verbes, de deux couleurs différentes (lui laisser choisir le type de classement). Après échange oral, introduire la notion de participe passé. Donner d'autres exemples avec *être* et *avoir*.

Préciser que les participes des verbes en *-er* se terminent en *-é* et que les participes des verbes en *-ir* se terminent en *-i*.

Donner quelques exemples de verbes fréquents non réguliers pour montrer que la terminaison de leur participe est plus variée : par exemple, *-is* pour *prendre* (*il a pris*) ; *-t* pour *faire* (*il a fait*) ; *-u* pour *venir* (*il est venu*) ; etc.

Conclure que le passé composé est formé du verbe *être* ou *avoir* et du participe passé.

Rappel (3) : l'accord du participe passé

Introduire la notion d'accord, à partir des exemples déjà donnés. En proposer de nouveaux.

Conclure que :

– le participe passé ne s'accorde pas avec *avoir* ;

– le participe passé s'accorde avec le sujet avec *être*.

Trace écrite

Élaborer collectivement un mémo sur le passé composé, à partir des conclusions établies précédemment. Les mots *être* et *avoir*, *participe passé* y figurent.

Entrainement

Distribuer la fiche élève. Un corrigé est disponible en annexe.

- Exercice 1 : Cette activité permet de travailler la distinction entre *être* et *avoir*.
- Exercice 2 : Il s'agit ici de choisir le bon verbe, en s'aidant des participes passés.
- Exercice 3 : L'activité vise à renforcer la maitrise du passé composé, avec quelques phrases incluant des difficultés d'accord.
- Exercice 4 : Il s'agit de trouver le sujet ou groupe sujet qui convient, en s'aidant des terminaisons du participe passé. Préciser que le sujet peut être un pronom personnel ou un groupe nominal.

Prolongements

- Proposer un texte au passé où il faut repérer les verbes à l'imparfait et ceux au passé composé.
- Mettre au passé un texte écrit au présent.

Les compléments de verbe

Français	Grammaire.
Objectif	Reconnaitre les compléments de verbe (lieu et temps).
Compétences	– Savoir que le complément de verbe n'est pas essentiel dans la phrase. – Connaitre les différentes natures du complément de verbe. – Distinguer les compléments de lieu et de temps.
Durée	45 min.
Matériel	– Fiche individuelle de travail et son corrigé 34. Fiche élève et 34. Corrigé.

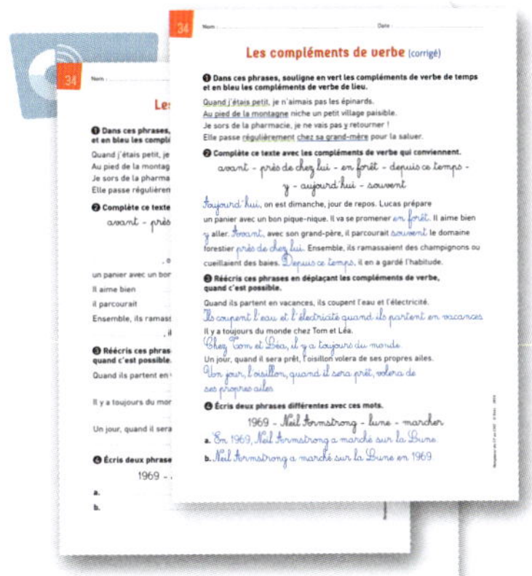
34 Nom : Date :

Les compléments de verbe (corrigé)

1 Dans ces phrases, souligne en vert les compléments de verbe de temps et en bleu les compléments de verbe de lieu.

Quand j'étais petit, je n'aimais pas les épinards.
Au pied de la montagne niche un petit village paisible.
Je sors de la pharmacie, je ne vais pas y retourner !
Elle passe régulièrement chez sa grand-mère pour la saluer.

2 Complète ce texte avec les compléments de verbe qui conviennent.

avant - près de chez lui - en forêt - depuis ce temps - y - aujourd'hui - souvent

Aujourd'hui, on est dimanche, jour de repos. Lucas prépare un panier avec un bon pique-nique. Il va se promener en forêt. Il aime bien y aller. Avant, avec son grand-père, il parcourait souvent le domaine forestier près de chez lui. Ensemble, ils ramassaient des champignons ou cueillaient des baies. Depuis ce temps, il en a gardé l'habitude.

3 Réécris ces phrases en déplaçant les compléments de verbe, quand c'est possible.

Quand ils partent en vacances, ils coupent l'eau et l'électricité.
Ils coupent l'eau et l'électricité quand ils partent en vacances
Il y a toujours du monde chez Tom et Léa.
Chez Tom et Léa, il y a toujours du monde
Un jour, quand il sera prêt, l'oisillon volera de ses propres ailes.
Un jour, l'oisillon, quand il sera prêt, volera de ses propres ailes

4 Écris deux phrases différentes avec ces mots.

1969 - Neil Armstrong - lune - marcher
a. En 1969, Neil Armstrong a marché sur la Lune
b. Neil Armstrong a marché sur la Lune en 1969

Déroulement

Rappel (1)

Écrire ce petit texte au tableau :

En automne, les feuilles tombent des arbres. Elles forment un tapis rouge et orangé sur le sol. Quand le printemps reviendra, de nouvelles feuilles pousseront dans les arbres. Elles y resteront longtemps.

Demander aux élèves : « Quand se passe l'histoire ? Où se situent les feuilles ? Combien de temps les feuilles restent-elles aux arbres ? » Faire souligner les lieux (sans oublier le *y*), les deux moments (saisons) et la durée (*longtemps*).

Rappel (2)

Faire relever les différents termes introducteurs des compléments présentés ci-dessus : *en, sur, quand, dans, y, longtemps*.

Demander alors quelles sont les différentes natures de ces compléments :

– groupe nominal avec préposition (*en automne*) ;

– proposition (*quand…*) ;
– pronom personnel (*y*) ;
– adverbe (*longtemps*).

Rappel (3)

Demander aux élèves de réduire le plus possible le texte, en supprimant les éléments qui ne sont pas indispensables à la compréhension de la phrase.

On obtient : *Les feuilles tombent. Elles forment un tapis rouge et orangé. De nouvelles feuilles pousseront. Elles resteront.*

En conclure que les compléments de phrase ne sont pas essentiels dans la phrase.

Faire de même en déplaçant les compléments. En conclure là encore que les compléments de phrase peuvent être déplacés dans la phrase.

Trace écrite

Élaborer collectivement un mémo sur les compléments de verbe, à partir des conclusions établies précédemment.

Entrainement

Distribuer la fiche élève. Un corrigé est disponible en annexe.

• Exercice 1 : Cette activité permet de travailler la distinction entre complément de lieu et complément de temps.

• Exercice 2 : Il s'agit ici de choisir le complément qui convient, en choisissant parmi une liste de propositions. Inviter les élèves à veiller à la cohérence du texte.

Voici l'ordre d'apparition des compléments à insérer dans le texte : *aujourd'hui, en forêt, y, avant, souvent, près de chez lui, depuis ce temps.*

• Exercice 3 : La tâche porte sur les déplacements des compléments de verbe. Parfois, plusieurs réponses sont possibles.

• Exercice 4 : Il s'agit d'écrire deux phrases à partir d'une même liste de mots. La différence peut porter sur le déplacement ou la suppression du complément de temps. En effet, la date *1969* peut être supprimée.

Dictée préparée

Français	Orthographe.
Objectif	Écrire sans erreur, sous la dictée, un texte court préparé.
Compétences	– Utiliser ses connaissances lexicales, orthographiques et grammaticales. – Écrire dans une écriture cursive lisible et avec une présentation soignée.
Durée	2 séances de 45 min.

Première séance

Déroulement

Découverte du texte

Choisir l'un des textes suivants :

Texte 1
C'est dimanche. Le soleil brille. Marie joue dans le jardin avec son frère. Les parents discutent. Quelle belle journée !

Texte 2
Ma grand-mère est la plus gentille. Ma sœur et moi, nous adorons aller chez elle. Le dimanche, elle prépare toujours un délicieux gâteau. Après le repas, elle raconte des histoires merveilleuses.

Texte 3
Au secours, il y a un incendie dans la maison des voisins ! Les pompiers arrivent. Ils éteignent le feu avec leur lance. Tout le monde est sauvé.

Texte 4
Cralina la sorcière est vraiment très méchante. Le matin, elle aime aller au village pour jeter des sorts. Ne vous laissez pas attraper, car elle adore changer les gens en grenouille !

Texte 5
Grodu l'ogre adore manger des enfants pour son petit déjeuner ! Heureusement, les enfants du village sont plus malins que lui, il n'arrive jamais à les attraper. Si vous le rencontrez, cachez-vous !

Écrire le texte au tableau.

Les élèves le lisent silencieusement.

Un élève désigné ou volontaire lit le texte à voix haute.

Les élèves reformulent le texte et l'enseignant s'assure que tout est bien compris.

Analyse du texte

Analyser collectivement les difficultés d'ordre orthographique :

- repérer les pluriels ;
- repérer les verbes et leur terminaison ;
- repérer les mots difficiles.

Choisir un code couleur pour souligner et marquer les différents types de difficultés.

Copie

Les élèves copient soigneusement le texte. Insister pour que la présentation soit « lisible et soignée ».

Relecture

Les élèves doivent relire leur texte. Au fur et à mesure de la relecture, ils soulignent les difficultés qui ont été signalées et marquées au tableau.

Correction

Corriger individuellement les productions.

Les élèves copient trois fois les mots erronés.

Ne pas hésiter à faire recopier les phrases ou les mots mal écrits.

Seconde séance

Déroulement

Dictée

Proposer le texte en dictée quelques jours plus tard.

Correction

La correction est, là encore, individuelle. Elle porte principalement sur les difficultés orthographiques rencontrées dans la première séance.

Dictée

Français Orthographe.
Objectif Écrire sans erreur, sous la dictée, un texte court.
Compétences – Mobiliser ses connaissances lexicales, orthographiques et grammaticales.
– Comprendre et analyser ses erreurs.
Durée 45 min.

Déroulement

Dictée

Choisir l'un des textes suivants et le dicter aux élèves :

Pour le CE2

Texte 1
Cralina la sorcière est très laide et très méchante. Elle a de petits yeux cruels, des cheveux noirs, de grandes oreilles. Une grosse verrue pousse sur son nez crochu. Elle adore attraper les passants pour les changer en grenouille.

Texte 2
Nous allons souvent manger chez ma grand-mère. Elle habite dans une petite maison avec un grand jardin. Là-bas, nous retrouvons d'autres membres de la famille. En général, après le repas, les adultes discutent entre eux pendant que nous allons jouer dehors avec mes cousins.

Texte 3
Nous avançons dans la forêt sur le petit chemin. Mes chaussures sont boueuses. La pluie tombe sur les grands arbres. Nous arrivons enfin dans une petite clairière. Là, derrière le gros chêne se trouve notre cabane.

Écrire éventuellement quelques mots difficiles du point de vue lexical (en fonction du niveau des élèves).

Pour les CM1-CM2

Texte 1

Une sorcière habitait dans la vieille maison. Elle était très laide. Des grosses verrues poussaient sur son nez. Le matin, elle sortait pour aller cueillir des champignons vénéneux. Ils lui servaient à préparer ses horribles potions magiques.

Texte 2

Ce matin, j'ai du mal à me réveiller.
« Paul ! Lève-toi ! C'est l'heure maintenant ! » dit maman.
Je sors difficilement du lit et je me dirige vers la salle de bain. Je prends une douche : me voilà déjà plus en forme ! Je mange ensuite un bon petit déjeuner et je prépare mes affaires.

Texte 3

Les dernières vacances étaient formidables. Nous allions tous les jours dans la forêt avec mes cousins. Là-bas, nous nous amusions à construire une grande cabane et à jouer à cachecache. Mais il fallait faire attention à rentrer à l'heure pour le repas... Mon grand-père préparait toujours de bons plats que nous dévorions avec appétit.

Découverte du texte écrit

Écrire le texte au tableau.

Les élèves relisent le texte silencieusement. Un élève lit le texte à voix haute.

Les élèves reformulent le texte et l'enseignant s'assure que tout est bien compris.

Analyse du texte

Analyser individuellement (chacun sur son texte écrit) ou collectivement (à l'oral au tableau) les difficultés d'ordre orthographique et grammatical :

- repérer les pluriels des noms ;
- repérer les verbes et leur sujet (entourer la terminaison) ;
- repérer les mots difficiles.

Choisir un code couleur pour souligner et marquer les différents types de difficultés.

Relecture

Les élèves relisent leur texte en vérifiant leurs propres erreurs. Au fur et à mesure de la relecture, ils soulignent les difficultés qu'ils ont rencontrées, à l'aide des remarques signalées au tableau.

Passer dans les rangs pour aider les élèves les moins à l'aise.

Correction individuelle

Puis corriger individuellement les copies. Les élèves écrivent trois fois les mots erronés.

Copie

Les élèvent recopient le texte corrigé et validé au propre, en soignant la présentation.

Prolongement

Proposer de nouveau le texte en dictée ou en autodictée quelques jours plus tard.

37 CE1 | CE2 | CM1 | CM2

L'accord du sujet et du verbe

Français	Orthographe.
Objectif	S'entrainer à appliquer les règles d'accord vues en grammaire.
Compétences	Utiliser la règle de l'accord du verbe avec le sujet.
Durée	45 min.
Matériel	– 2 fiches individuelles de travail 37. Fiche élève (CE1-CE2) et 37. Fiche élève (CM1-CM2). – Corrigé des deux fiches 37. Corrigé (CE1-CE2) et 37. Corrigé (CM1-CM2).

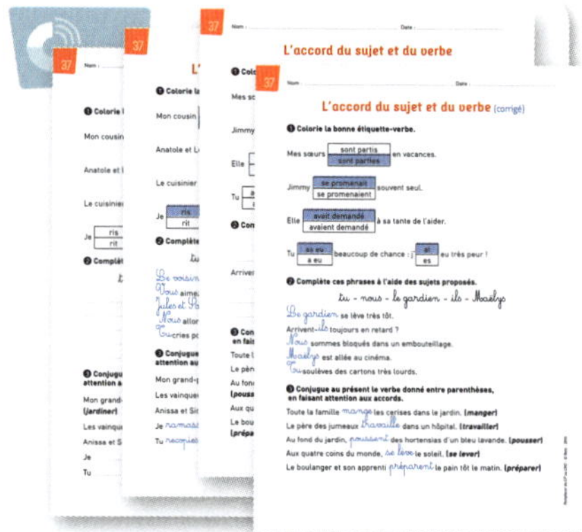
37 Nom : Date :

L'accord du sujet et du verbe (corrigé)

1 Colorie la bonne étiquette-verbe.

Mes sœurs sont partis / sont parties en vacances.

Jimmy se promenait / se promenaient souvent seul.

Elle avait demandé / avaient demandé à sa tante de l'aider.

Tu as eu / a eu beaucoup de chance : j' ai / es eu très peur !

2 Complète ces phrases à l'aide des sujets proposés.

tu - nous - le gardien - ils - Maëlys

Le gardien se lève très tôt.

Arrivent-ils toujours en retard ?

Nous sommes bloqués dans un embouteillage.

Maëlys est allée au cinéma.

Tu soulèves des cartons très lourds.

3 Conjugue au présent le verbe donné entre parenthèses, en faisant attention aux accords.

Toute la famille mange les cerises dans le jardin. (manger)

Le père des jumeaux travaille dans un hôpital. (travailler)

Au fond du jardin, poussent des hortensias d'un bleu lavande. (pousser)

Aux quatre coins du monde, se lève le soleil. (se lever)

Le boulanger et son apprenti préparent le pain tôt le matin. (préparer)

Déroulement

Remarque : Il s'agit d'une fiche de **révision** à n'utiliser qu'avec des élèves ayant déjà abordé la notion.

Rappel

Écrire cette phrase au tableau :

Julie accompagne Paul et Manon à un spectacle de marionnettes.

Faire souligner le sujet et entourer le verbe.

Demander ensuite aux élèves d'inverser oralement le complément de verbe et le sujet, puis d'écrire la phrase sur leur cahier de brouillon.

Un élève vient l'écrire au tableau sous la première phrase :

Paul et Manon accompagnent Julie à un spectacle de marionnettes.

Faire souligner le groupe sujet et entourer le verbe. Les élèves vont remarquer l'accord avec le groupe sujet.

Faire rappeler la règle d'accord entre le sujet et le verbe.

Entrainement

Distribuer la première fiche élève pour les CE1-CE2 et la seconde pour les CM1-CM2. Les corrigés sont disponibles en annexe.

Pour les CE1-CE2

• Exercice 1 : Il s'agit de choisir le bon verbe conjugué, la difficulté étant que la terminaison ne s'entend pas.

• Exercice 2 : À l'inverse, la tâche consiste à retrouver le bon sujet, tout d'abord en s'aidant de la conjugaison (quelle personne), puis en s'appuyant sur l'accord dans le cas des troisièmes personnes du singulier et du pluriel.

• Exercice 3 : Les verbes choisis sont volontairement du premier groupe, pour que la difficulté porte non sur la conjugaison mais sur l'accord.

Pour les CM1-CM2

• Exercice 1 : Il s'agit de choisir le bon verbe conjugué, la difficulté étant que les temps peuvent être simples ou composés.

• Exercice 2 : À l'inverse, la tâche consiste à retrouver le bon sujet, tout d'abord en s'aidant de la conjugaison (quelle personne), puis en s'appuyant sur l'accord dans le cas des troisièmes personnes du singulier et du pluriel. Certains sujets sont inversés, ce qui crée une difficulté supplémentaire.

• Exercice 3 : Les verbes choisis sont volontairement du premier groupe, pour que la difficulté porte non sur la conjugaison mais sur l'accord. Là encore, les sujets inversés peuvent poser problème. En cas de besoin, aider les élèves en difficulté.

38 Début ou milieu de **CP**

Problèmes

Mathématiques	Nombres et calcul.
Objectif	Résoudre des problèmes très simples.
Compétences	– Trier des informations. – Utiliser les opérations connues à bon escient. – Utiliser un schéma dans une résolution de problème.
Durée	Plusieurs séances de 45 min.
Matériel	Énoncés de problèmes à photocopier 38. Problèmes.

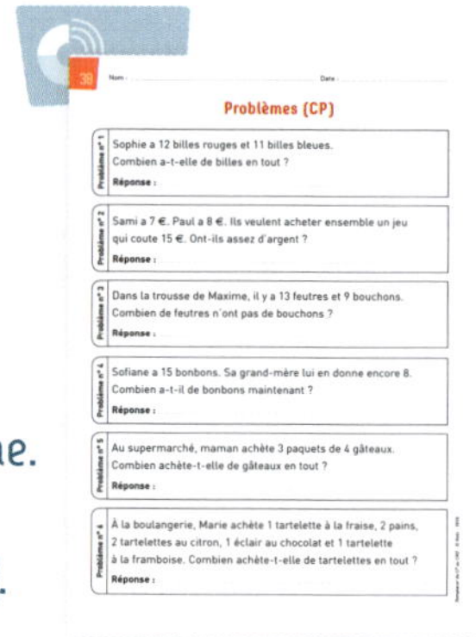
38 Nom : Date :

Problèmes (CP)

Problème n° 1 : Sophie a 12 billes rouges et 11 billes bleues. Combien a-t-elle de billes en tout ?
Réponse :

Problème n° 2 : Sami a 7 €. Paul a 8 €. Ils veulent acheter ensemble un jeu qui coute 15 €. Ont-ils assez d'argent ?
Réponse :

Problème n° 3 : Dans la trousse de Maxime, il y a 13 feutres et 9 bouchons. Combien de feutres n'ont pas de bouchons ?
Réponse :

Problème n° 4 : Sofiane a 15 bonbons. Sa grand-mère lui en donne encore 8. Combien a-t-il de bonbons maintenant ?
Réponse :

Problème n° 5 : Au supermarché, maman achète 3 paquets de 4 gâteaux. Combien achète-t-elle de gâteaux en tout ?
Réponse :

Problème n° 6 : À la boulangerie, Marie achète 1 tartelette à la fraise, 2 pains, 2 tartelettes au citron, 1 éclair au chocolat et 1 tartelette à la framboise. Combien achète-t-elle de tartelettes en tout ?
Réponse :

Déroulement

Prévoir plusieurs séances : le nombre de problèmes à résoudre à chaque séance est à adapter en fonction de la classe.

Choisir l'un des problèmes proposés en annexe et le distribuer aux élèves.

Les problèmes sont lus d'abord silencieusement par les élèves puis reformulés collectivement. S'assurer que la question et les termes importants de l'énoncé ont été bien compris (« en tout », « assez », « combien », etc.). Au besoin, faire colorier la question en rouge et faire souligner les mots clés de l'énoncé. Ensuite, les problèmes sont résolus individuellement dans un cahier ou sur une feuille. La phase de recherche est importante. On peut faire dessiner deux colonnes : une colonne « recherche » et une colonne « réponse » afin que les élèves gardent la trace de leur cheminement. La formulation de la réponse est à soigner également. Les élèves doivent avoir conscience que la tâche à accomplir n'est pas seulement de comprendre, mais de répondre explicitement à la question posée. Insister pour que la formulation d'une phrase réponse soit précise.

- Problème 1 : problème additif (réponse = 23 billes).
- Problème 2 : problème additif et de comparaison de nombres (réponse = oui).
- Problème 3 : problème soustractif ; les élèves peuvent résoudre ce problème par un schéma en représentant les feutres et les bouchons (réponse = 4 feutres).
- Problème 4 : problème additif (réponse = 23 bonbons).
- Problème 5 : problème multiplicatif ; les élèves peuvent résoudre ce problème en représentant les paquets de gâteaux (réponse = 12 gâteaux).
- Problème 6 : problème additif avec un travail de tri des informations ; il faudra veiller à ce que tous les mots soient bien compris (réponse = 4 tartelettes).

Problèmes

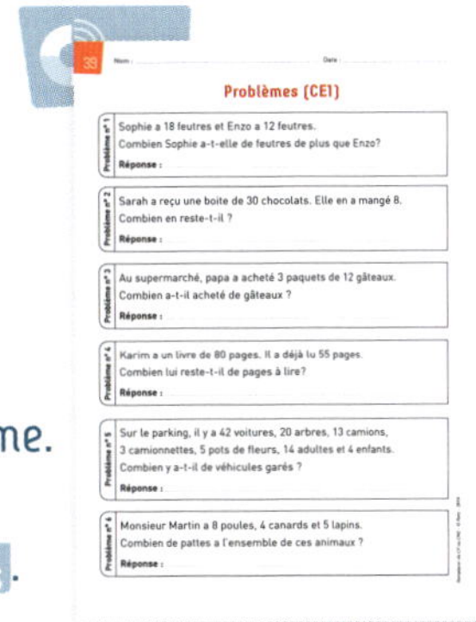
39 Nom : Date :

Problèmes (CE1)

Problème n° 1 — Sophie a 18 feutres et Enzo a 12 feutres.
Combien Sophie a-t-elle de feutres de plus que Enzo?
Réponse :

Problème n° 2 — Sarah a reçu une boite de 30 chocolats. Elle en a mangé 8.
Combien en reste-t-il ?
Réponse :

Problème n° 3 — Au supermarché, papa a acheté 3 paquets de 12 gâteaux.
Combien a-t-il acheté de gâteaux ?
Réponse :

Problème n° 4 — Karim a un livre de 80 pages. Il a déjà lu 55 pages.
Combien lui reste-t-il de pages à lire?
Réponse :

Problème n° 5 — Sur le parking, il y a 42 voitures, 20 arbres, 13 camions, 3 camionnettes, 5 pots de fleurs, 14 adultes et 4 enfants.
Combien y a-t-il de véhicules garés ?
Réponse :

Problème n° 6 — Monsieur Martin a 8 poules, 4 canards et 5 lapins.
Combien de pattes a l'ensemble de ces animaux ?
Réponse :

Mathématiques Nombres et calcul.
Objectif Résoudre des problèmes très simples.
Compétences – Trier des informations.
– Utiliser les opérations connues à bon escient.
– Utiliser un schéma dans une résolution de problème.
Durée Plusieurs séances de 45 min.
Matériel Énoncés de problèmes à photocopier 39. Problèmes.

Déroulement

Prévoir plusieurs séances : le nombre de problèmes à résoudre à chaque séance est à adapter en fonction de la classe.

Choisir l'un des problèmes proposés en annexe et le distribuer aux élèves (soit le photocopier, soit le copier au tableau).

Les problèmes sont lus d'abord silencieusement par les élèves puis reformulés collectivement. S'assurer que la question et les termes importants de l'énoncé ont été bien compris (« de plus », « déjà », « combien », etc.). Au besoin, faire colorier la question en rouge et faire souligner les mots clés de l'énoncé.

Ensuite, les problèmes sont résolus individuellement dans un cahier ou sur une feuille.

La phase de recherche est importante. On peut faire dessiner deux colonnes aux élèves : une colonne « recherche » et une colonne « réponse » afin qu'ils gardent la trace de leur cheminement.

La formulation de la réponse est à soigner également. Les élèves doivent avoir conscience que la tâche à accomplir n'est pas seulement de comprendre, mais de répondre explicitement à la question posée. Insister pour que la formulation de la phrase réponse soit précise.

- Problème 1 : problème additif (réponse = 6 feutres).
- Problème 2 : problème soustractif (réponse = 22 chocolats).
- Problème 3 : problème multiplicatif (réponse = 36 gâteaux).
- Problème 4 : problème soustractif (réponse = 25 pages).
- Problème 5 : problème additif avec un tri des informations (réponse = 58 véhicules).
- Problème 6 : problème additif et multiplicatif ; les élèves peuvent résoudre ce problème par un schéma (réponse = 44 pattes).

Problèmes

Mathématiques	Nombres et calcul.
Objectif	Résoudre des problèmes relevant des quatre opérations.
Compétences	– Trier des informations. – Utiliser les opérations connues à bon escient. – Utiliser un schéma dans une résolution de problème.
Durée	Plusieurs séances de 45 min.
Matériel	Énoncés de problèmes à photocopier 40. Problèmes.

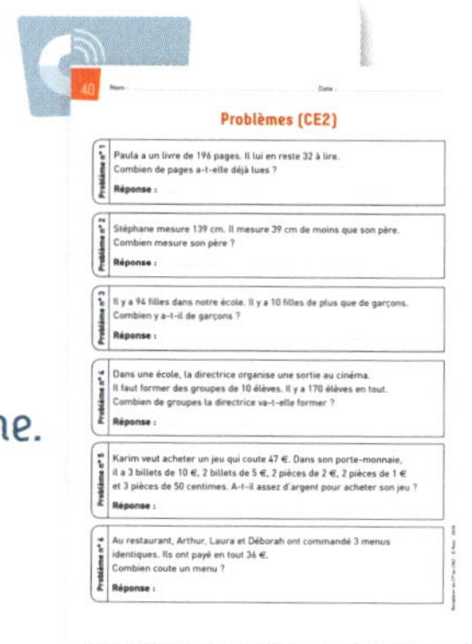
40 Nom : Date :

Problèmes (CE2)

Problème n° 1 — Paula a un livre de 196 pages. Il lui en reste 32 à lire.
Combien de pages a-t-elle déjà lues ?
Réponse :

Problème n° 2 — Stéphane mesure 139 cm. Il mesure 39 cm de moins que son père.
Combien mesure son père ?
Réponse :

Problème n° 3 — Il y a 94 filles dans notre école. Il y a 10 filles de plus que de garçons.
Combien y a-t-il de garçons ?
Réponse :

Problème n° 4 — Dans une école, la directrice organise une sortie au cinéma.
Il faut former des groupes de 10 élèves. Il y a 170 élèves en tout.
Combien de groupes la directrice va-t-elle former ?
Réponse :

Problème n° 5 — Karim veut acheter un jeu qui coute 47 €. Dans son porte-monnaie, il a 3 billets de 10 €, 2 billets de 5 €, 2 pièces de 2 €, 2 pièces de 1 € et 3 pièces de 50 centimes. A-t-il assez d'argent pour acheter son jeu ?
Réponse :

Problème n° 6 — Au restaurant, Arthur, Laura et Déborah ont commandé 3 menus identiques. Ils ont payé en tout 36 €.
Combien coute un menu ?
Réponse :

Déroulement

Prévoir plusieurs séances : le nombre de problèmes à résoudre par séance est à adapter en fonction de la classe.

Choisir l'un des problèmes proposés en annexe et le distribuer aux élèves (soit le photocopier, soit le copier au tableau).

Les problèmes sont lus d'abord silencieusement par les élèves puis reformulés collectivement.

Ensuite, les problèmes sont résolus individuellement dans un cahier ou sur une feuille.

La phase de recherche est importante. On peut faire dessiner deux colonnes aux élèves : une colonne « recherche » et une colonne « réponse » afin qu'ils gardent la trace de leur cheminement. Préciser qu'il est possible de faire un schéma pour résoudre le problème (notamment sur le partage).

Insister pour que la formulation d'une réponse soit claire et précise.

Les problèmes proposés suivent un ordre de difficulté.

- Problème 1 : problème soustractif (réponse = 164 pages).
- Problème 2 : problème additif (réponse = 178 cm).
- Problème 3 : problème soustractif (réponse = 84 garçons).
- Problème 4 : problème sur le partage (réponse = 17 groupes).
- Problème 5 : problème additif et multiplicatif (réponse = oui, il a 47,50 euros).
- Problème 6 : problème sur le partage (réponse = 12 euros).

Problèmes

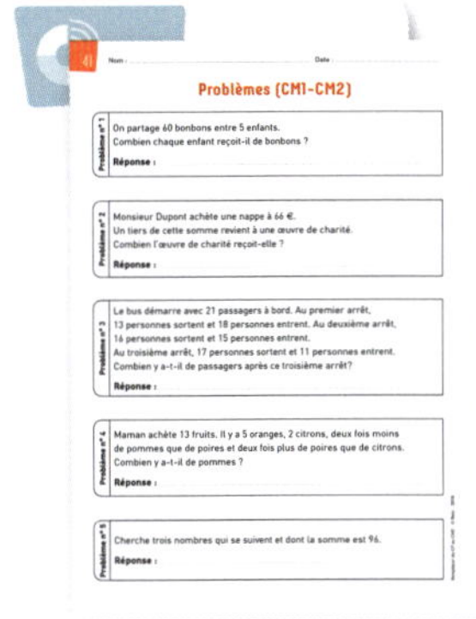
Nom : Date :

Problèmes (CM1-CM2)

Problème n° 1
On partage 60 bonbons entre 5 enfants.
Combien chaque enfant reçoit-il de bonbons ?
Réponse :

Problème n° 2
Monsieur Dupont achète une nappe à 66 €.
Un tiers de cette somme revient à une œuvre de charité.
Combien l'œuvre de charité reçoit-elle ?
Réponse :

Problème n° 3
Le bus démarre avec 21 passagers à bord. Au premier arrêt, 13 personnes sortent et 18 personnes entrent. Au deuxième arrêt, 16 personnes sortent et 15 personnes entrent.
Au troisième arrêt, 17 personnes sortent et 11 personnes entrent.
Combien y a-t-il de passagers après ce troisième arrêt?
Réponse :

Problème n° 4
Maman achète 13 fruits. Il y a 5 oranges, 2 citrons, deux fois moins de pommes que de poires et deux fois plus de poires que de citrons.
Combien y a-t-il de pommes ?
Réponse :

Problème n° 5
Cherche trois nombres qui se suivent et dont la somme est 96.
Réponse :

Mathématiques Nombres et calcul.

Objectif Résoudre des problèmes relevant des quatre opérations.

Compétences
- Trier des informations.
- Utiliser les opérations connues à bon escient.
- Utiliser un schéma dans une résolution de problème.

Durée Plusieurs séances de 45 min.

Matériel Énoncés de problèmes à photocopier 41. Problèmes.

Déroulement

Prévoir plusieurs séances : le nombre de problèmes à résoudre à chaque séance est à adapter en fonction de la classe.

Choisir l'un des problèmes proposés en annexe et le distribuer aux élèves (soit le photocopier, soit le copier au tableau).

Les problèmes sont lus d'abord silencieusement par les élèves puis reformulés collectivement.

Ensuite, les problèmes sont résolus individuellement dans un cahier ou sur une feuille.

La phase de recherche est importante. On peut faire dessiner deux colonnes aux élèves : une colonne « recherche » et une colonne « réponse » afin qu'ils gardent la trace de leur cheminement. Préciser qu'il est possible de faire un schéma pour résoudre le problème (notamment sur le partage).

Insister pour que la formulation d'une réponse soit claire et précise.

Les problèmes proposés suivent un ordre de difficulté.

- Problème 1 : problème de partage (réponse = 12 bonbons).
- Problème 2 : problème de partage et de fraction simple (réponse = 22 euros).
- Problème 3 : problème additif et soustractif (réponse = 19 passagers).
- Problème 4 : problème soustractif et multiplicatif (réponse = 2 pommes).
- Problème 5 : problème logico-mathématique (réponse = 31-32-33).

- Problème 6 : problème multiplicatif (réponse = 483 euros).
- Problème 7 : problème de logique (réponse = Ludovic).
- Problème 8 : problème logico-mathématique (réponse = 3 lapins et 7 poules).

Prolongement

Voici deux autres problèmes (de logique et de numération) à proposer aux élèves qui ont des facilités dans la résolution de problèmes.

1. Nelly, Rania et Sarah portent toutes les trois une jupe.
Sarah porte une jupe longue.
La seule qui porte une jupe courte a une jupe toute noire.
La jupe de Rania a des rayures vertes.
Qui a une jupe rose ?
(Réponse : Sarah.)

2. Je pense à un nombre. Je lui ajoute 5, je lui soustrais 2,
je lui retire 2 dizaines et je lui ajoute 4 centaines.
J'obtiens 517.
Quel est le nombre auquel je pense ?
(Réponse : 134.)

La suite des nombres

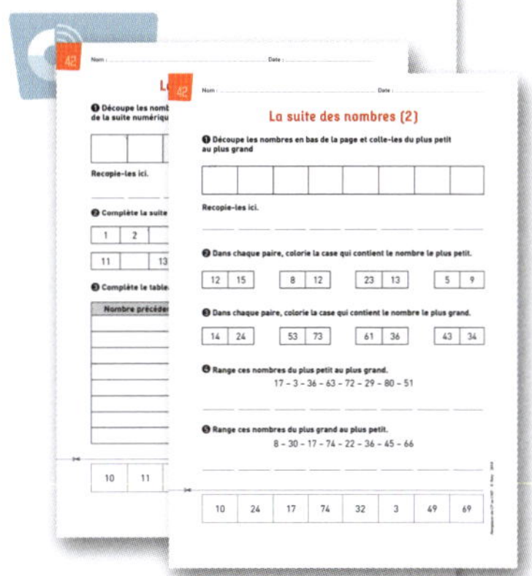
Nom : Date :

La suite des nombres (2)

❶ Découpe les nombres en bas de la page et colle-les du plus petit au plus grand

Recopie-les ici.

❷ Dans chaque paire, colorie la case qui contient le nombre le plus petit.

12 | 15 — 8 | 12 — 23 | 13 — 5 | 9

❸ Dans chaque paire, colorie la case qui contient le nombre le plus grand.

14 | 24 — 53 | 73 — 61 | 36 — 43 | 34

❹ Range ces nombres du plus petit au plus grand.
17 - 3 - 36 - 63 - 72 - 29 - 80 - 51

❺ Range ces nombres du plus grand au plus petit.
8 - 30 - 17 - 74 - 22 - 36 - 45 - 66

10	24	17	74	32	3	49	69

Mathématiques	Nombres et calcul.
Objectif	Connaitre la suite des nombres.
Compétences	– Écrire, nommer, ranger les nombres inférieurs à 20 42. Fiche élève (1). – Écrire, nommer, comparer, ranger les nombres inférieurs à 80 42. Fiche élève (2).
Durée	45 min.
Matériel	2 fiches individuelles de travail 42. Fiche élève (1) et 42. Fiche élève (2).

Déroulement

Entrée dans l'activité

• Exercice 1 : Proposer le jeu du furet (suite des nombres en avançant).

Mener l'exercice. Désigner les élèves un par un. Chacun donne un des nombres de la suite numérique dans l'ordre.

• Exercice 2 : Proposer de nouveau le jeu du furet, cette fois avec la suite des nombres en reculant.

Mener l'exercice de la même manière.

Entrainement

Distribuer la première fiche élève.

• Exercices 1, 2 et 3 : Les élèves s'entrainent à écrire la suite des nombres dans l'ordre. On peut proposer une file numérique aux élèves qui en ont encore besoin.

Distribuer la seconde fiche élève.

• Exercice 1 : Les élèves doivent ranger les nombres par ordre croissant, donc bien connaitre leur position dans la suite des nombres. On peut proposer une file numérique aux élèves qui en ont encore besoin. Les étiquettes permettent aux élèves de manipuler, de procéder à plusieurs essais.

• Exercices 2 et 3 : Les élèves comparent deux nombres éloignés. Lors de la correction, insister sur l'écriture positionnelle des nombres : on regarde d'abord la dizaine, puis les unités.

• Exercices 4 et 5 : Les élèves doivent ranger les nombres par ordre croissant (4) et décroissant (5), donc bien connaitre leur position dans la suite des nombres. On peut proposer une file numérique aux élèves qui en ont encore besoin. Pour les élèves n'ayant plus d'étiquettes à leur disposition, on peut leur proposer de réaliser l'exercice au brouillon ou sur leur ardoise avant de recopier sur la feuille.

Prolongement

Faire travailler la suite des nombres jusqu'à 100.

Calcul mental

Mathématiques	Nombres et calcul.
Objectif	Connaitre la suite des nombres.
Compétences	– Structurer la suite des nombres. – Calculer (additions et soustractions).
Durée	15 à 30 min.

Déroulement

• Exercice 1 : Proposer le jeu du furet (suite des nombres en avançant).

Mener l'exercice. Désigner les élèves un par un. Chacun donne un des nombres de la suite numérique dans l'ordre.

Le nombre de départ sera choisi en fonction de la progression de la classe.

• Exercice 2 : Proposer de nouveau le jeu du furet, cette fois avec la suite des nombres en reculant.

Mener l'exercice de la même manière.

• Exercice 3 : Écrire des nombres au tableau que les élèves doivent lire.

• Exercice 4 : Réaliser une dictée de nombres sur l'ardoise.

• Exercice 5 : Écrire un nombre au tableau. Les élèves doivent écrire sur l'ardoise le nombre juste avant ou juste après celui qui est écrit au tableau.

• Exercice 6 : Écrire un nombre au tableau. Les élèves doivent le représenter avec le système de la classe (dizaines et unités, constellations).

• Exercice 7 : Proposer de petites additions et soustractions (avec des nombres jusqu'à 10 puis jusqu'à 20).

44 Début à fin de CE1

Calcul mental

Mathématiques	Nombres et calcul.
Objectif	Connaitre la suite des nombres.
Compétences	– Structurer la suite des nombres. – Calculer (additions, soustractions, multiplications).
Durée	15 à 30 min.

Déroulement

• Exercice 1 : Proposer le jeu du furet (suite des nombres de 2 en 2).

Mener l'exercice. Désigner les élèves un par un. Chacun donne un des nombres de la suite numérique dans l'ordre.

Le nombre de départ sera choisi en fonction de la progression de la classe.

• Exercice 2 : Proposer de nouveau le jeu du furet, cette fois avec la suite des nombres de 2 en 2 en reculant.

Mener l'exercice de la même manière.

• Exercice 3 : Écrire des nombres au tableau que les élèves doivent lire (domaine numérique à adapter en fonction de la progression de la classe).

• Exercice 4 : Réaliser une dictée de nombres sur l'ardoise.

• Exercice 5 : Travailler les compléments à 10. Demander oralement aux élèves de compléter l'addition pour arriver à 10.

Exemple : 3 + ... = 10.

• Exercice 6 : Travailler les tables d'addition et de multiplication (en fonction de la progression de la classe). Les donner oralement, les élèves écrivent le résultat sur leur ardoise.

• Exercice 7 : Ajouter ou retirer des dizaines entières, des centaines entières.

Exemples : 20 + 30 ; 100 + 200 ; 50 – 40 ; 400 – 200.

Calcul mental

Mathématiques	Nombres et calcul.
Objectif	S'approprier les nombres et leurs propriétés par la pratique du calcul mental.
Compétences	– Connaitre la signification des chiffres dans un nombre. – Calculer (additions, soustractions, multiplications).
Durée	15 à 30 min.

Déroulement

• Exercice 1 : Proposer un nombre. Les élèves écrivent le chiffre des unités, des dizaines, des centaines ou des milliers sur leur ardoise.

• Exercice 2 : Proposer un nombre. Les élèves écrivent le nombre d'unités, de dizaines, de centaines ou de milliers sur leur ardoise.

Au début, on peut poser une question concrète. Par exemple : « Avec 324 bonbons, combien puis-je faire de paquets de 10 ? »

Puis proposer une question plus abstraite : « Dans 324, combien de groupes de 10 ? »

Enfin, une question mathématique : « Quel est le nombre de dizaines de 324 ? »

Corriger au tableau en représentant les dizaines et les unités.

• Exercice 3 : Proposer une dictée de nombres sur ardoise (nombres supérieurs à 1 000, domaine numérique à adapter en fonction de la progression de la classe).

• Exercice 4 : Écrire un nombre au tableau. Les élèves doivent écrire sur l'ardoise le nombre juste avant ou juste après celui qui est écrit au tableau (nombres supérieurs à 1 000, domaine numérique à adapter en fonction de la classe).

• Exercice 5 : Proposer des additions, des soustractions et des multiplications. Le résultat est écrit sur l'ardoise.

• Exercice 6 : Ajouter ou retrancher 9 ou 11 à un nombre. Le résultat est écrit sur l'ardoise.

• Exercice 7 : Ajouter ou retirer des dizaines ou des centaines entières.

Exemples : 250 + 300 ; 1 200 + 150 ; 750 – 400 ; 1900 – 600.

46 Début à fin de **CM1**

Calcul mental

Mathématiques	Nombres et calcul.
Objectif	S'approprier les nombres et leurs propriétés par la pratique du calcul mental.
Compétences	– Connaitre la signification des chiffres dans un nombre. – Calculer de tête (additions, soustractions, multiplications). – Décomposer un nombre pour mieux calculer.
Durée	15 à 30 min.

Déroulement

• Exercice 1 : Proposer un nombre. Les élèves écrivent le **chiffre** des unités, des dizaines, des centaines, des milliers ou des dizaines de milliers sur leur ardoise.

• Exercice 2 : Proposer un nombre. Les élèves écrivent le **nombre** d'unités, de dizaines, de centaines ou de milliers sur leur ardoise.

On peut rendre l'exercice plus concret en demandant aux élèves de chercher des nombres de « groupes » ou de « paquets ». Par exemple : « Dans 3 450, combien de paquets de 100 ? »

• Exercice 3 : Proposer une dictée de nombres sur ardoise (nombres supérieurs à 10 000, domaine numérique à adapter en fonction de la progression de la classe).

• Exercice 4 : Écrire un nombre au tableau. Les élèves doivent écrire sur l'ardoise le nombre juste avant ou juste après celui qui est écrit au tableau (nombres supérieurs à 10 000, domaine numérique à adapter en fonction de la classe).

• Exercice 5 : Écrire des nombres au tableau que les élèves doivent lire (nombres supérieurs à 10 000, domaine numérique à adapter en fonction de la classe).

• Exercice 6 : Proposer un nombre, les élèves doivent chercher le double de ce nombre ou la moitié de ce nombre.

• Exercice 7 : Travailler sur des sommes en ligne ; autrement dit, décomposer pour mieux calculer. Les élèves écrivent la décomposition et le résultat sur leur ardoise.

Exemple : 43 + 15 = 40 + 10 + 3 + 5.

Calcul mental

Mathématiques Nombres et calcul.
Objectif S'approprier les nombres et leurs propriétés par la pratique du calcul mental.
Compétences – Connaitre la signification des chiffres dans un nombre entier et un nombre décimal.
– Calculer de tête (additions, soustractions, multiplications).
Durée 15 à 30 min.

Déroulement

• Exercice 1 : Proposer une dictée de nombres sur ardoise (nombres supérieurs à 10 000 et nombres décimaux, domaine numérique à adapter en fonction de la progression de la classe).

• Exercice 2 : Proposer un nombre. Les élèves écrivent le **chiffre** des unités, des dizaines, des dixièmes, des centièmes, des milliers (etc.) sur leur ardoise (nombres supérieurs à 10 000 et nombres décimaux).

• Exercice 3 : Proposer un nombre décimal ; les élèves doivent l'encadrer entre deux entiers.

• Exercice 4 : Proposer un jeu du furet avec des suites de nombres de 9 en 9, de 8 en 8, de 11 en 11.

Mener l'exercice. Désigner les élèves un par un. Chacun donne un des nombres de la suite numérique dans l'ordre.

Le nombre de départ sera choisi en fonction de la progression de la classe.

• Exercice 5 : Multiplier par 10, 100, 1 000 des nombres entiers, puis des nombres décimaux.

48 CM1 | CM2

Les fractions

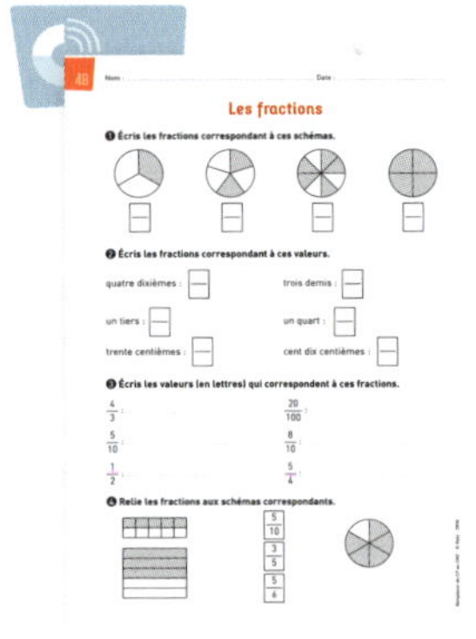

Mathématiques	Nombres et calcul.
Objectif	Nommer et comprendre les fractions simples.
Compétences	– Connaitre le vocabulaire spécifique : demi, tiers, quart, dixième, centième. – Écrire les fractions correspondant à ces mots.
Durée	45 min.
Matériel	Fiche individuelle de travail 48. Fiche élève.

Déroulement

Remarque : Cette fiche est une **révision**. Elle n'est à utiliser que si les élèves ont déjà abordé cette notion.

Rappel (1)

Reproduire au tableau une fraction, par exemple $\frac{2}{3}$.

Entourer le 3 et rappeler que le 3 est le « dénominateur » : il permet de dénommer la fraction (ici, ce sont des tiers).

Entourer le 2 et rappeler que le 2 est le « numérateur » : il indique le nombre de tiers.

Tracer au tableau un cercle divisé en trois et passer en couleur deux parts. Préciser que $\frac{2}{3}$ correspondent à deux parts sur trois. Illustrer par un exemple concret : « Si je prends un gâteau, je le coupe en trois ; j'en mange deux parts, soit $\frac{2}{3}$. »

Rappel (2)

Demander aux élèves d'écrire sur leur cahier les fractions correspondant à ces valeurs.

deux tiers	un demi
quatre quarts	cinq quarts
cent quatre centièmes	dix dixièmes

La correction est immédiate et collective.

Ajouter éventuellement que $\frac{4}{4}$ et $\frac{10}{10}$ sont égaux à 1.

Entrainement

Distribuer la fiche élève.

• Exercice 1 : Il faut écrire les fractions correspondant aux schémas, ce qui permet de comprendre les deux lectures possibles d'une fraction. Faire remarquer, lors de la correction, que $\frac{4}{4}$ équivaut bien à 1 (le cercle entier est grisé ; dans le cas d'un gâteau, on mange tout !).

• Exercices 2 et 3 : Il s'agit ici de renforcer la connaissance du nom des fractions simples, en s'appuyant sur les deux lectures possibles (en lettres et en chiffres).

• Exercice 4 : L'activité porte sur d'autres représentations schématiques des fractions, à relier à leur valeur chiffrée.

49 Milieu de CP

Tracés à la règle

Mathématiques	Géométrie.
Objectif	Apprendre à utiliser la règle.
Compétences	– Relier des points à l'aide d'une règle. – Tracer des droites, à l'aide de la règle, en étant précis et soigneux.
Durée	30 à 45 min.
Matériel	2 fiches individuelles de travail 49. Fiche élève (1) 49. Fiche élève (2).

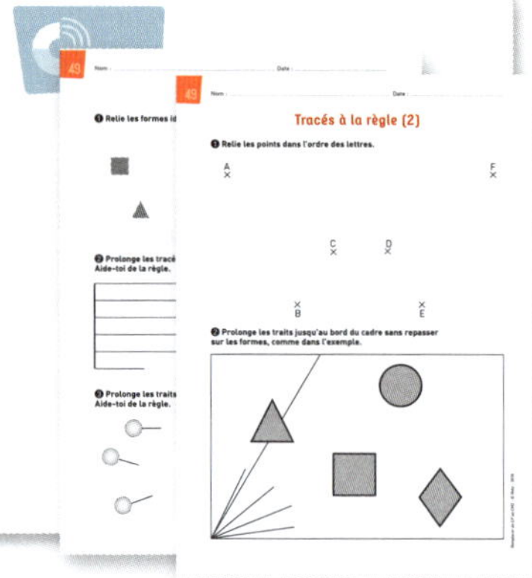

Déroulement

Avant de commencer, s'assurer que les bons outils sont à disposition : règle, crayons bien taillés, gomme.

Montrer au tableau, si nécessaire, le geste pour bien tenir la règle et tracer des traits droits.

Entrainement (1)

Distribuer la première fiche élève.

• Exercice 1 : Il faut relier deux formes. Les formes étant assez grosses, les élèves ont une marge en ce qui concerne la précision du point de départ et du point d'arrivée.

• Exercice 2 : Il s'agit ici de prolonger un trait. La règle doit être placée de manière très précise. Les traits étant de plus en plus courts, la difficulté est croissante.

• Exercice 3 : Il faut prolonger un trait. Le point d'arrivée permet à l'élève d'évaluer lui-même la réussite de son tracé.

Entrainement (2)

Distribuer la seconde fiche élève.

• Exercice 1 : Il s'agit ici de relier des points avec précision.

Les points sont représentés par des croix et nommés avec une lettre majuscule : c'est la représentation usuelle. On s'éloigne du tracé « dessin » pour entrer dans les codes de la géométrie.

• Exercice 2 : L'élève doit interrompre son tracé pour le reprendre ensuite, il commence ainsi à comprendre la notion de droite.

Droites

Mathématiques	Géométrie.
Objectif	Apprendre à décrire des lignes en utilisant un vocabulaire spécifique.
Compétences	– Distinguer ligne courbe et droite. – Tracer des droites, à l'aide de la règle, en étant précis et soigneux.
Durée	30 à 45 min.
Matériel	2 fiches individuelles de travail 50. Fiche élève (1) 50. Fiche élève (2).

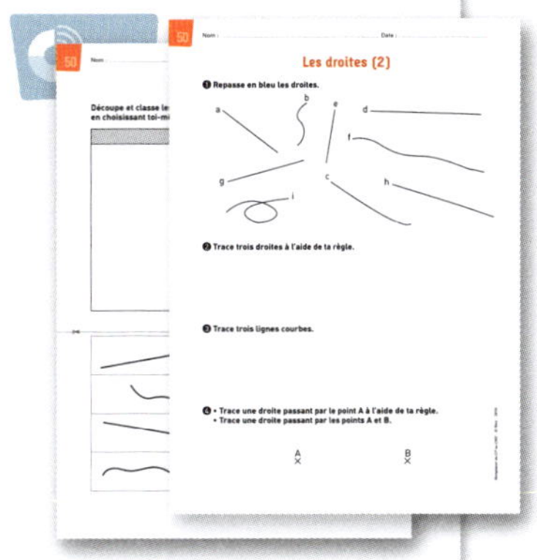
Les droites (2)
1 Repasse en bleu les droites.
2 Trace trois droites à l'aide de la règle.
3 Trace trois lignes courbes.
4 • Trace une droite passant par le point A à l'aide de la règle.
• Trace une droite passant par les points A et B.

Déroulement

Recherche

Distribuer la première fiche élève.

Les élèves doivent classer les lignes en deux parties, en trouvant eux-mêmes un critère de classement. Ils sont amenés à observer les lignes et à remarquer que certaines sont droites et d'autres courbes. Ils auront plus de facilité à comprendre la notion de droite s'ils font cette démarche eux-mêmes.

Les lignes ne sont pas encore collées sur la feuille : demander aux élèves d'attendre la validation.

Mise en commun

Les différents classements sont comparés. Certains élèves auront peut-être classé les lignes en fonction de leur longueur ou d'un autre critère. La mise en commun doit permettre aux élèves de repérer la différence entre les lignes courbes et les droites.

Une fois le travail validé, les élèves collent correctement les lignes dans le tableau.

Puis, ils apprennent à utiliser la règle pour vérifier qu'une ligne est droite. Leur montrer le geste au tableau, si nécessaire.

Entrainement

Distribuer la seconde fiche élève.

• Exercice 1 : Les élèves sont amenés à reconnaitre les droites. Ils utilisent leur règle pour vérifier que les lignes sont droites et pour les repasser en bleu.

• Exercice 2 : Les élèves s'entrainent à tracer soigneusement des droites avec leur règle et un crayon bien taillé. Insister sur la propreté et la précision.

• Exercice 3 : Les élèves tracent des courbes. Ils n'ont pas d'instrument à leur disposition et font ainsi la différence entre une droite qu'on trace à la règle et une courbe qu'on peut tracer à main levée.

• Exercice 4 : Cet exercice implique une grande précision dans le positionnement de la règle et la finesse du trait. Il associe la notion de droite à la notion de point.

Prolongement

Apprendre à vérifier des alignements de points (voir séquence 51, page suivante).

Points alignés

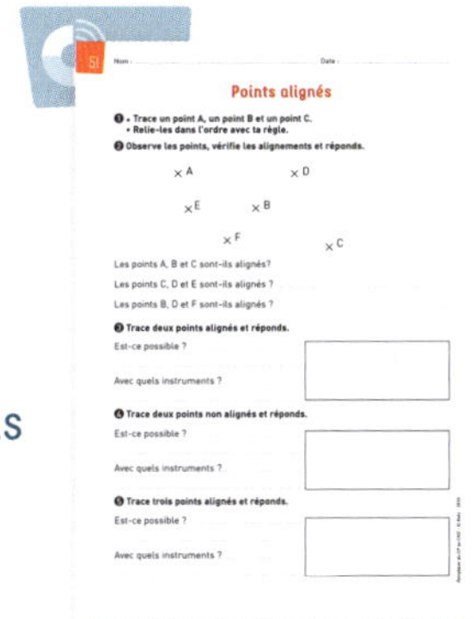
51 Nom : Date :

Points alignés

1 • Trace un point A, un point B et un point C.
• Relie-les dans l'ordre avec ta règle.

2 Observe les points, vérifie les alignements et réponds.

Les points A, B et C sont-ils alignés?
Les points C, D et E sont-ils alignés ?
Les points B, D et F sont-ils alignés ?

3 Trace deux points alignés et réponds.
Est-ce possible ?
Avec quels instruments ?

4 Trace deux points non alignés et réponds.
Est-ce possible ?
Avec quels instruments ?

5 Trace trois points alignés et réponds.
Est-ce possible ?
Avec quels instruments ?

Mathématiques	Géométrie.
Objectif	Apprendre à décrire des lignes en utilisant un vocabulaire spécifique.
Compétences	– Utiliser la règle pour vérifier un alignement. – Utiliser la règle pour réaliser des constructions avec soin et précision.
Durée	45 min.
Matériel	Fiche individuelle de travail 51. Fiche élève.

Déroulement

Entrainement

Distribuer la fiche élève.

• Exercice 1 : Il permet d'introduire la notion de *point* en géométrie ; on le représente avec une croix.

Cet exercice permet également de vérifier que les élèves utilisent leur règle correctement. Il faut d'emblée exiger une grande précision.

• Exercice 2 : Cette activité permet d'introduire la notion d'alignement.

• Exercices 3, 4 et 5 : Ce travail de recherche permet de confronter les définitions au tracé. Les élèves doivent constater que deux points sont toujours alignés et que trois points peuvent être alignés, mais ne le sont pas toujours. On utilise la règle pour aligner des points ou vérifier un alignement.

Trace écrite

Concevoir une trace écrite collective avec les élèves dans laquelle figureront des exemples et les résultats de la recherche des exercices 3, 4 et 5 :

– Deux points sont toujours alignés.

– Trois points ou plus peuvent être alignés mais ne le sont pas toujours.

– On vérifie ou on construit un alignement grâce à la règle.

Prolongement

Aborder les notions de segment et de droite (voir séquence 52, page suivante).

52 CM1 | CM2

Droites et segments

Mathématiques	Géométrie.
Objectif	Apprendre à décrire des segments et des points en utilisant un vocabulaire spécifique.
Compétences	– Utiliser la règle pour mesurer. – Utiliser la règle pour réaliser des constructions avec soin et précision.
Durée	45 min.
Matériel	Fiche individuelle de travail 52. Fiche élève.

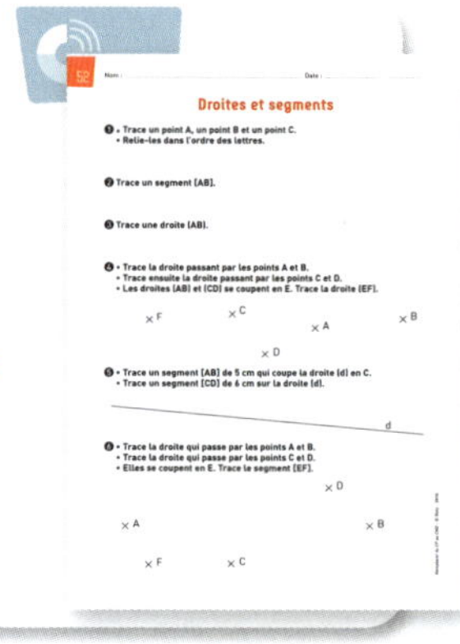
52 Nom : Date :

Droites et segments

1 • Trace un point A, un point B et un point C.
• Relie-les dans l'ordre des lettres.

2 Trace un segment [AB].

3 Trace une droite (AB).

4 • Trace la droite passant par les points A et B.
• Trace ensuite la droite passant par les points C et D.
• Les droites (AB) et (CD) se coupent en E. Trace la droite (EF).

× F × C × A × B × D

5 • Trace un segment [AB] de 5 cm qui coupe la droite (d) en C.
• Trace un segment [CD] de 6 cm sur la droite (d).

d

6 • Trace la droite qui passe par les points A et B.
• Trace la droite qui passe par les points C et D.
• Elles se coupent en E. Trace le segment [EF].

× D × A × B × F × C

Déroulement

Distribuer la fiche élève.

• Exercice 1 : Cet exercice permet de rappeler la notion de *point* en géométrie.

– On le représente avec une croix.

– Un point est l'intersection de deux droites.

• Exercices 2 et 3 : Ces activités permettent de définir les notions de droite et de segment en les comparant.

– La droite est une ligne infinie.

– Le segment est une portion de droite, donc une ligne finie (des petits traits verticaux le délimitent).

– Cette différence se traduit par une différence d'écriture : parenthèses pour la droite, (d) par exemple, ou crochets pour le segment, [AB] par exemple.

• Exercices 4, 5 et 6 : Pour réussir ces exercices, les élèves doivent respecter les programmes de construction à l'aide des définitions vues précédemment. Les tracés doivent être très précis.

Prolongements

• Concevoir des programmes de construction avec des droites, des points et des segments.

• Proposer un travail sur les mesures : par exemple, repérer le milieu d'un segment et s'en servir dans des constructions.

Des jeux pour s'exprimer avec le corps

EPS	Expression corporelle.
Objectif	Explorer les mouvements possibles de son corps et les varier.
Compétences	– Entrer en relation avec les autres dans un rapport de confiance. – S'exprimer seul ou à plusieurs.
Durée	30 à 45 min.

Déroulement

Remarque : La longueur de la séance est à adapter en fonction de l'emploi du temps, mais chaque jeu dure environ 10 minutes. Parmi les jeux proposés ci-dessous, en choisir deux ou trois par séance, puis terminer par un « retour au calme ».

Courir parmi les autres

Sans parler, sans crier, les élèves courent dans un espace délimité en évitant les autres.

Les sculpteurs

Les élèves sont par deux : un sculpteur et une sculpture. L'élève qui joue la sculpture se laisse manipuler par l'élève qui est sculpteur ; celui-ci façonne le modèle pour lui donner la posture qu'il souhaite. Veiller à ce que plusieurs parties du corps soient travaillées : les bras, le dos, les jambes, etc.

Les rôles sont ensuite échangés.

Se déplacer avec un foulard

Les élèves cherchent des mouvements originaux à faire avec le foulard.

Ils se déplacent ensuite sans le foulard en gardant les mêmes mouvements.

Les aveugles

Les enfants sont par deux. Un enfant guide l'autre qui a les yeux bandés dans un espace délimité.

Il le guide d'abord avec les deux mains sur les épaules, puis avec une seule main placée entre les omoplates.

Les statues

Les élèves se déplacent à l'écoute d'une musique. Quand la musique s'arrête, ils se figent dans une posture originale.

Il est possible de guider les élèves en précisant un thème pour la statue : un animal, un robot, un grand-père, un soldat, une princesse...

Le miroir

Les enfants sont par deux face à face. L'un fait les mêmes mouvements que l'autre en miroir.

Les rôles sont ensuite échangés.

Les pays imaginaires

Demander aux élèves d'inventer des déplacements dans des pays imaginaires : un pays où tout est mou, un pays où tout colle, un pays où tout est robotisé, un pays où le sol brule...

Retour au calme

Inviter les élèves à s'allonger au sol, puis à regarder le plafond ou à fermer les yeux. Ils mettent leurs mains sur leur ventre. Si possible, passer une musique douce en même temps.

Activités aquatiques : niveau débutant

EPS	Natation.
Objectif	Se déplacer en milieu aquatique.
Compétences	– Savoir entrer dans l'eau. – Adapter ses déplacements à un environnement aquatique : s'immerger, s'équilibrer, se propulser.
Durée	1 h.

Déroulement

Remarque : Les activités proposées ci-dessous sont destinées à des élèves débutants, non nageurs.

Sécurité

– Rappeler les règles de sécurité aux élèves. Ne tolérer aucun écart de conduite quant à ces règles.

– Prévoir la liste des élèves.

– Recompter régulièrement les élèves.

– Ne jamais laisser les élèves sans surveillance.

Entrer dans l'eau

Les élèves entrent librement dans le petit bain par l'échelle ou par les escaliers.

Se déplacer dans le petit bain

Dans le petit bain, proposer le jeu du « petit train » : les élèves se tiennent en file par les épaules. Au signal, le dernier wagon devient la locomotive : l'élève qui est derrière doit remonter toute la file pour passer devant.

S'immerger

Dans le petit bain :

– les élèves poussent un objet avec le front ;

– ils vont chercher des objets au fond de l'eau ;

– ils ouvrent la bouche dans l'eau pour souffler (comme pour éteindre une bougie) ou pour crier.

S'équilibrer

Dans le grand bain :

– les élèves se déplacent en se tenant au bord et en cachant les épaules dans l'eau ;

– ils jouent à « saute-mouton » : ils se déplacent en se tenant au bord et en contournant un camarade qui lui aussi tient le bord mais reste immobile (voir dessin ci-dessous).

Se propulser

Dans le grand bain, planche tenue d'une main, les élèves doivent progresser par action des jambes en s'aidant du bord avec l'autre main libre.

Activités aquatiques : niveau moyen

EPS	Natation.
Objectif	Se déplacer en milieu aquatique.
Compétences	– Savoir entrer dans l'eau. – Adapter ses déplacements à un environnement aquatique : s'immerger, s'équilibrer, se propulser.
Durée	1 h.

Déroulement

Sécurité

– Rappeler les règles de sécurité aux élèves. Ne tolérer aucun écart de conduite quant à ces règles.

– Prévoir la liste des élèves.

– Recompter régulièrement les élèves.

– Ne jamais laisser les élèves sans surveillance.

Entrer dans l'eau

Chaque élève entre dans l'eau l'un après l'autre par un saut droit. Accompagner avec la perche ou placer la perche de manière à ce que l'élève saute pour aller la chercher.

Les élèves doivent être tout près du bord : faire crocheter le bord avec les orteils.

S'immerger

Dans le grand bain, les élèves doivent descendre le long de la perche et se laisser remonter en lâchant les mains. Pour « mesurer » la descente de chaque élève, on peut lui faire glisser un élastique le long de la perche.

Pour être efficaces, les élèves descendent verticalement : il est possible de leur demander « d'accrocher » les pieds à la perche.

Dans le grand bain toujours, les élèves descendent le long de la perche et remontent avec une posture : en boule, en tailleur, en étoile...

S'équilibrer

Dans le petit bain :

– les élèves s'équilibrent sur le dos : ils écartent ou lèvent les bras, les oreilles sont dans l'eau mais pas le front (voir dessin ci-dessous) ;

– un élève peut en promener un autre en le tirant ou en le poussant par les pieds.

Se propulser

Dans le grand bain, sur le ventre, les élèves tiennent une planche bras tendus. Les pouces doivent se situer à un tiers de la planche. Ils avancent en battant des jambes et soufflent dans l'eau.

Activités aquatiques : niveau confirmé

EPS	Natation.
Objectif	Se déplacer en milieu aquatique.
Compétences	– Savoir entrer dans l'eau. – Adapter ses déplacements à un environnement aquatique : s'immerger, s'équilibrer, se propulser.
Durée	1 h.

Déroulement

Sécurité

– Rappeler les règles de sécurité aux élèves. Ne tolérer aucun écart de conduite quant à ces règles.

– Prévoir la liste des élèves.

– Recompter régulièrement les élèves.

– Ne jamais laisser les élèves sans surveillance.

Entrer dans l'eau

Les élèves sautent dans un cerceau maintenu horizontalement à la surface de l'eau puis rejoignent le bord.

Les élèves doivent être tout près du bord : faire crocheter le bord avec les orteils.

S'immerger

Dans le grand bain, les élèves descendent le long de la perche et se déplacent de manière oblique pour remonter dans un cerceau.

S'équilibrer

Dans le petit bain, les élèves réalisent des postures : étoile ventrale (bras et jambes écartés, sur le ventre), étoile dorsale (bras et jambes écartés, sur le dos), en boule (jambes repliées, bras écartés).

Se propulser

Les élèves doivent nager en changeant de direction, en slalom.

Puis ils doivent nager à deux, en se tenant la main.

57 CP | CE1

Jeux traditionnels de course poursuite

EPS	Activités athlétiques.
Objectif	Apprendre à mieux se connaitre et connaitre les autres par le biais de jeux de course.
Compétences	– Coopérer et s'opposer individuellement et collectivement. – Adapter ses déplacements.
Durée	Séances de 45 min à 1 h.

Déroulement

Remarque : Ces jeux sont à répartir sur plusieurs séances. Chaque jeu ne doit pas dépasser 20 minutes.

Échauffement

Débuter chaque séance, quel que soit le jeu choisi, par l'échauffement.

Demander aux élèves de :

– trottiner ;

– courir dans toutes les directions ; au signal, se baisser pour toucher le sol ;

– marcher en faisant des cercles avec les bras ;

– s'arrêter et faire « oui » puis « non » avec la tête ;

– faire des cercles avec les poignets et les chevilles.

Loup glacé

• Préparation : Délimiter un terrain rectangulaire. Désigner deux loups.

• Déroulement : Les loups doivent toucher les joueurs. Lorsqu'un joueur est touché, il s'immobilise sur place.

• Fin du jeu : Donner le signal de la fin au bout de 10 minutes environ.

• Gagnants : Les joueurs non touchés à la fin du jeu ont gagné.

La queue du diable

• Préparation : Délimiter un terrain rectangulaire. Désigner deux diables, qui portent un foulard dans le dos.

• Déroulement : Les diables tentent de toucher les joueurs. Un joueur touché s'assied par terre.

• Fin du jeu : Un joueur peut mettre fin au jeu s'il arrive à attraper la queue du diable.

• Gagnants : Ce sont les joueurs non touchés (lorsque la queue du diable est attrapée).

Épervier

• Préparation : Délimiter un terrain rectangulaire. Désigner un épervier. L'épervier est au milieu du terrain, les autres joueurs sont regroupés à un bout du terrain.

• Déroulement : Lorsque l'épervier dit « épervier, en chasse », tous les joueurs doivent traverser le terrain pour arriver à l'autre bout. L'épervier tente de les toucher. Une fois sortis, ils ne peuvent pas revenir à la base de départ. Une fois arrivés, ils ne peuvent pas revenir sur le terrain avant le signal suivant.

Un joueur touché devient épervier. Il donne la main au premier épervier. Lorsqu'il y a une majorité de joueurs touchés, on constitue d'autres couples d'éperviers. Ils n'ont pas le droit de se lâcher la main.

• Fin du jeu : Définir un nombre de passages ou décider que le jeu est terminé lorsqu'il ne reste plus que cinq joueurs libres.

• Gagnants : Ce sont les joueurs non pris après X passages ou les cinq derniers joueurs non pris.

Accroche décroche

• Préparation : Désigner un chat et une souris. Les autres joueurs se placent sur un cercle délimité par des plots deux par deux. Chaque joueur donne le bras à son partenaire et met l'autre bras « en anse » sur la hanche. Chaque couple de joueurs doit être écarté des autres d'au moins un mètre.

• Déroulement : Au signal, la souris se sauve, le chat essaie de la toucher. Ils tournent autour du cercle. Elle peut à tout moment s'accrocher au bras en anse d'un couple de joueurs. Dans ce cas-là, le joueur opposé du couple devient souris. Lorsque le chat parvient à toucher la souris, les rôles s'inversent.

• Fin du jeu : Donner le signal de la fin au bout de 15 min environ.

• Gagnants : Il n'y a ni gagnants ni perdants.

Retour au calme

Terminer chaque séance par une activité qui favorise le retour au calme.

Les enfants marchent lentement dans tout l'espace.

Ils s'arrêtent et ferment les yeux.

Ils posent leurs mains sur la tête, puis sur les joues, puis sur les hanches, puis sur le ventre.

Demander aux élèves de sentir leur ventre se gonfler comme un ballon à chaque inspiration. Ils peuvent souffler longuement à chaque expiration.

Puis ils ouvrent les yeux et vont se ranger dans le calme.

58 CE2 | CM1 | CM2

Jeux de démarquage avec ballon

EPS	Activités athlétiques.
Objectif	Apprendre à mieux se connaitre et connaitre les autres par le biais de jeux de ballon.
Compétences	– Coopérer et s'opposer individuellement et collectivement. – Lancer, attraper un ballon. – Viser avec un ballon.
Durée	Séances de 45 min à 1 h.

Déroulement

Remarques :

• Ces jeux sont à répartir sur plusieurs séances. Chacun des jeux ne doit pas dépasser 20 minutes.

• Pour chaque jeu, on peut prévoir plusieurs jeux parallèles afin d'éviter que les équipes soient trop grandes et de s'assurer que tous les élèves soient en action.

Échauffement

Débuter chaque séance, quel que soit le jeu choisi, par l'échauffement.

Demander aux élèves de :

– trottiner ;

– courir dans toutes les directions ; au signal, se baisser pour toucher le sol ;

– marcher en faisant des cercles avec les bras ;

– s'arrêter et faire « oui » puis « non » avec la tête ;

– faire des cercles avec les poignets et les chevilles.

Passe à 5

• Préparation : Délimiter un terrain rectangulaire. Deux équipes sont formées : les passeurs et les gêneurs.

• Déroulement : L'équipe des passeurs tente de se faire cinq passes sans laisser tomber la balle au sol. Les déplacements avec la balle sont interdits. Les contacts sont interdits.

Lorsque l'équipe des passeurs a réussi à faire cinq passes, elle marque un point.

• Fin du jeu : Donner le signal de la fin au bout de 5 minutes.

• Gagnants : L'équipe qui a le plus de points après plusieurs parties a gagné.

Balle au capitaine

• Préparation : Délimiter un terrain rectangulaire. Deux équipes sont formées. Dans chaque équipe, un capitaine est désigné.

Les capitaines vont se placer chacun à un bout du terrain derrière la ligne de délimitation. Ils n'ont pas le droit d'entrer dans le terrain et les autres joueurs n'ont pas le droit d'en sortir.

• Déroulement : Les joueurs tentent de passer la balle à leur capitaine en se faisant des passes. Les déplacements avec la balle sont interdits. Les contacts sont interdits. Chaque balle attrapée par le capitaine rapporte un point à l'équipe.

• Fin du jeu : Donner le signal de la fin au bout de 10 minutes.

• Gagnants : L'équipe qui a le plus de points a gagné.

Balle au but

• Préparation : Délimiter un terrain rectangulaire. La ligne à chaque bout du terrain constitue le but. Deux équipes sont formées.

• Déroulement : Chaque équipe tente de poser le ballon dans le but adverse (sur la ligne de fond du terrain). Les déplacements sont permis en dribblant. Les contacts sont interdits.

• Fin du jeu : Donner le signal de la fin au bout de 10 minutes.

• Gagnants : L'équipe qui a marqué le plus de points a gagné.

Retour au calme

Terminer chaque séance par une activité qui favorise le retour au calme.

Les enfants marchent lentement dans tout l'espace.

Ils s'arrêtent et ferment les yeux.

Ils posent leurs mains sur la tête, puis sur les joues, puis sur les hanches, puis sur le ventre.

Demander aux élèves de sentir leur ventre se gonfler comme un ballon à chaque inspiration. Ils peuvent souffler longuement à chaque expiration.

Puis ils ouvrent les yeux et vont se ranger dans le calme.

59 CP | CE1

Kommt eine Maus

Langue vivante	Allemand.
Objectif	Découvrir et comprendre une comptine allemande.
Compétences	– Écouter. – Mémoriser. – Connaitre des noms d'animaux.
Durée	30 à 45 min.
Matériel	– Un jeu d'étiquettes-images pour un usage collectif à imprimer en A3 59. Étiquettes-images. – Ce même jeu d'étiquettes-images pour un usage individuel à imprimer en A4 59. Étiquettes-images. – Fiche individuelle de travail 59. Fiche élève.

Déroulement

Découverte de la comptine

Réciter deux fois de suite la comptine avec les gestes.

Kommt eine Maus

Kommt eine Maus

(Croiser les deux index sous le nez pour mimer les moustaches.)

Die baut ein Haus

(Mimer le toit d'une maison avec les mains.)

Kommt eine Mücke

(Mimer le mouvement des ailes avec les mains.)

Die baut eine Brücke

(Tracer un pont avec l'index.)

Kommt ein Floh

(Rapprocher le pouce et l'index pour donner l'impression de quelque chose de très petit.)

Und der macht so !

(Tracer les bonds de la puce avec l'index.)

Remarques :

• Dans la version originale, on trouve *Mäuschen* et *Häuschen* qui veulent dire respectivement « petite souris » et « petite maison ». Pour simplifier, les mots *Maus* et *Haus* (« souris » et « maison ») ont été utilisés ici ; ils sont en effet plus faciles à mémoriser.

• À noter également : *kommt* signifie « vient », *baut* signifie « construit » et *macht so* veut dire « fait comme ça ».

Compréhension et expression orale

Photocopier les étiquettes-images si possible en format A3.

Montrer les images l'une après l'autre en donnant le nom de ce qui est représenté :

– *die Maus* (« la souris ») ;
– *das Haus* (« la maison ») ;
– *die Mücke* (« la mouche ») ;
– *die Brücke* (« le pont ») ;
– *der Floh* (« la puce »).

Les élèves répètent ces noms à la suite de l'enseignant.

Compréhension orale et mémorisation du lexique

Distribuer les étiquettes-images en format A4 cette fois.

Les élèves découpent les images pour se fabriquer des « *Bildkarten* » (cartes images).

Donner un mot, les élèves montrent l'image qui correspond.

Expression orale

Montrer une image et désigner un élève qui donne oralement son nom.

Montrer une image et donner un nom oralement en introduisant des « erreurs » (par exemple, dire « *die Maus* » en montrant l'image de la puce). Les élèves doivent corriger.

Apprentissage de la comptine

Faire apprendre collectivement la comptine en la faisant répéter phrase par phrase et en la faisant accompagner des gestes qui conviennent.

Compréhension et expression écrite

Distribuer la fiche élève.

Demander aux élèves de compléter la comptine puis de l'illustrer. La dernière phrase peut être représentée par un saut de puce.

Ce travail permet de renforcer la mémorisation.

Prolongement

Faire apprendre d'autres comptines.

Par exemple :

Kommt eine Maus

Kommt eine Maus,
Die geht ins Haus.
Will da rein,
Will da rein,
Will da rein !

(Cette comptine est l'équivalent de « C'est la petite bête qui monte » en français ; l'intérêt est qu'ils connaissent déjà certains mots.)

Das ist der Daumen

Das ist der Daumen
Der schüttelt die Pflaumen,
Der hebt sie auf,
Der trägt sie nach Hause
Und der kleine isst sie alle, alle auf.

Es schneit

Es schneit, es schneit
Es tröpfelt, es tröpfelt
Es regnet, es regnet,
Es blitzt, es schlägt ein !
Klingeling, die Feuerwehr kommt !

D'autres comptines sont proposées, par exemple, dans *Les Plus Belles Comptines allemandes*, Didier Jeunesse, 2003.

Alle Leute

Langue vivante Allemand.
Objectif Découvrir et comprendre une comptine allemande.
Compétences – Écouter.
– Mémoriser.
– Décrire un personnage.
Durée 30 à 45 min.
Matériel Un jeu d'étiquettes-images pour un usage collectif à imprimer en A3 60. Étiquettes-images.

Déroulement

Découverte de la comptine

Réciter deux fois de suite la comptine avec les gestes.

Alle Leute

Alle Leute, alle Leute,
(Montrer tous les élèves avec un mouvement circulaire de l'index.)
Gehen jetzt nach Haus.
(Faire le toit de la maison avec les mains.)
Grosse Leute, kleine Leute,
(Main en haut puis en bas.)
Dicke Leute, dünne Leute,
(Deux mains larges puis resserrées.)
Alle Leute, alle Leute,
(Montrer tous les élèves avec un mouvement circulaire de l'index.)
Gehen jetzt nach Haus.
(Faire le toit de la maison avec les mains.)

Compréhension et expression orale

Imprimer ou photocopier, si possible, le jeu d'étiquettes-images en format A3.

Montrer les images l'une après l'autre en donnant le nom de ce qui est représenté. Les élèves répètent :

- *das Haus* (« la maison ») ;
- *grosse Leute* (« des personnes grandes ») ;
- *kleine Leute* (« des personnes petites ») ;
- *dicke Leute* (« des personnes grosses ») ;
- *dünne Leute* (« des personnes minces »).

Compréhension orale et mémorisation du lexique

Donner oralement un mot. Un élève désigné vient montrer l'image correspondante au tableau.

Répéter la tâche avec plusieurs élèves.

Expression orale

Montrer une image. Un élève désigné donne oralement le nom de l'image correspondante.

Puis montrer une image et donner un nom oralement en introduisant des « erreurs » (par exemple : dire *kleine Leute* en montrant l'image des personnes grandes) ; les élèves répètent seulement si c'est juste.

Apprentissage de la comptine

Faire apprendre collectivement la comptine en la faisant répéter phrase par phrase et en la faisant accompagner des gestes qui conviennent.

Compréhension et expression écrite

Faire copier la comptine dans le cahier et demander de l'illustrer.

Ce travail permet de renforcer la mémorisation.

Prolongement

Faire apprendre d'autres comptines (voir les propositions de la séquence 59, p. 138).

Three Little Kittens

Langue vivante Anglais.

Objectif Découvrir et comprendre une comptine en anglais.

Compétences
- Connaitre à l'oral et à l'écrit des mots simples en anglais.
- Écouter.
- Mémoriser.

Durée 30 à 45 min.

Matériel
- Un jeu d'étiquettes-images pour un usage collectif à imprimer en A3 61. Étiquettes-images.
- Ce même jeu d'étiquettes-images à imprimer en A4 pour un usage individuel 61. Étiquettes-images.
- Fiche individuelle de travail 61. Fiche élève.

Déroulement

Découverte de la comptine

Réciter deux fois de suite la comptine avec les gestes (elle a été volontairement réduite) :

> ***Three Little Kittens***
>
> *Three little kittens,*
> *(Mimer les oreilles.)*
>
> *They lost their mittens,*
> *(Frotter le dos d'une main avec la paume de l'autre.)*
>
> *And they began to cry. […]*
> *(Mimer le geste d'essuyer des larmes avec les poings devant les yeux.)*

Compréhension et expression orale

Imprimer ou photocopier les étiquettes-images, si possible en format A3 (les images des chatons et du verbe *pleurer* ont été doublées).

Montrer les images l'une après l'autre en donnant le nom de ce qui est représenté (préciser que *kittens* et *mittens* sont au pluriel). Les élèves répètent :

– *three* (« trois ») ;
– *the mittens* (« les gants ») ;
– *the kittens* (« les chatons ») ;
– *to cry* (« pleurer »).

Compréhension orale et mémorisation du vocabulaire

Distribuer les étiquettes-images imprimées au format A4.

Les élèves découpent les images pour se fabriquer des « flashcards » (cartes images).

Une fois les cartes prêtes, donner un mot oralement ; les élèves montrent l'image qui correspond.

Expression orale

Montrer une image. Un élève désigné donne oralement le nom de l'image correspondante.

Puis montrer une image et donner un nom oralement en introduisant des « erreurs » (par exemple : dire *the mittens* en montrant l'image des chatons) ; les élèves répètent seulement si c'est juste.

Apprentissage de la comptine

Faire apprendre collectivement la comptine en la faisant répéter phrase par phrase et en la faisant accompagner des gestes qui conviennent.

Compréhension et expression écrite

Distribuer la fiche élève.

Faire compléter la comptine puis l'illustrer.

Prolongement

Faire apprendre d'autres comptines (voir, par exemple, *Les Plus Belles Comptines anglaises*, Didier Jeunesse, 2002).

Voici par ailleurs quelques propositions :

Five Little Monkeys

Five little monkeys
Jumping on the bed.
One fell off and bumped his head.
Mama called the doctor and the doctor said :
« No more monkeys jumping on the bed. »

Four little monkeys...
Three...
Two...
One...

The Big Cat

The big cat saw it
This one caught it
This one cooked it
That one ate it
And the little one got nothing.

Pussy Cat

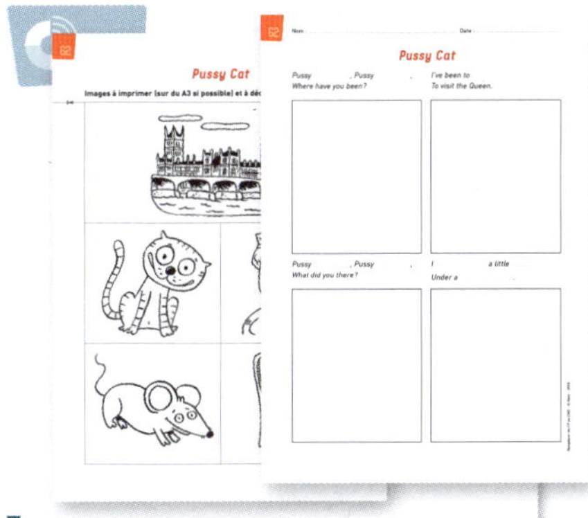

Langue vivante Anglais.

Objectif Découvrir et comprendre une comptine en anglais.

Compétences
- Écouter.
- Mémoriser.
- Connaitre à l'oral et à l'écrit des mots simples anglais.

Durée 30 à 45 min.

Matériel
- Étiquettes-images à imprimer en A3 pour un usage collectif 62. Étiquettes-images.
- Fiche individuelle de travail 62. Fiche élève.

Déroulement

Découverte de la comptine

Réciter deux fois de suite la comptine avec les gestes :

Pussy Cat

Pussy cat, Pussy cat,

(Mimer les oreilles du chat.)

Where have you been ?

(Mettre la main en visière au-dessus des yeux.)

I've been to London
To visit the queen.

(Mimer une couronne sur la tête.)

Pussy cat, Pussy cat,
What did you there ?

(Agiter l'index.)

I frightened a little mouse
Under a chair.

(Croiser les deux index sous le nez pour mimer les moustaches.)

Compréhension et expression orale

Imprimer ou photocopier les étiquettes-images, si possible en format A3.

Montrer les images l'une après l'autre en donnant le nom de ce qui est représenté. Les élèves répètent :

- *a cat* (« un chat ») ;
- *London* (« Londres ») ;
- *the queen* (« la reine ») ;
- *a mouse* (« la souris ») ;
- *a chair* (« une chaise »).

Compréhension orale et mémorisation du lexique

Distribuer les étiquettes-images imprimées en A4.

Les élèves découpent les images pour se fabriquer des « flashcards » (cartes images).

Une fois les cartes prêtes, donner un mot oralement ; les élèves montrent l'image qui correspond.

Expression orale

Montrer une image. Un élève désigné donne oralement le nom de l'image correspondante.

Puis montrer une image et donner un nom oralement en introduisant des « erreurs » (par exemple : dire *the queen* en montrant l'image du chat) ; les élèves répètent seulement si c'est juste.

Apprentissage de la comptine

Faire apprendre collectivement la comptine en la faisant répéter phrase par phrase et en la faisant accompagner des gestes qui conviennent.

Compréhension et expression écrite

Distribuer la fiche élève.

Faire compléter la comptine puis demander de l'illustrer.

Ce travail permet de renforcer la mémorisation.

Prolongement

Faire apprendre d'autres comptines (voir les propositions de la séquence 61, p. 143).

Les parties du corps humain

Questionner le monde	Le vivant.
Objectif	Connaitre et nommer les parties du corps humain.
Compétences	– Prendre conscience des différentes parties du corps. – Enrichir son vocabulaire.
Durée	30 à 45 min.
Matériel	Fiche individuelle de travail 63. Fiche élève.

Déroulement

Recueil des représentations

Demander aux élèves de dessiner un enfant ou un adulte sur une feuille.

Passer dans la classe, repérer les élèves qui « oublient » une partie.

Mise en commun

Oralement, demander aux élèves d'énumérer les parties du corps qu'ils ont représentées pour dessiner leur personnage. Lister les termes proposés par les élèves au tableau.

Repérer les « oublis » sur les dessins de certains.

Approfondissement

Distribuer la fiche élève.

Un élève lit les mots. Faire comparer les mots de la fiche avec ceux trouvés précédemment par le groupe classe.

Les élèves situent sur leur propre corps tous les termes en posant les mains tour à tour sur la tête, les avant-bras, etc.

Trace écrite

En fonction du niveau et de la période dans l'année, les élèves découpent les étiquettes pour les coller à la bonne place ou recopient les mots dans les cadres.

Entrainement

Demander aux élèves de fermer les yeux et de poser les mains sur les parties du corps que l'enseignant énumère.

Cette activité est à pratiquer régulièrement : elle permet de mémoriser le lexique et a un effet relaxant sur les enfants.

Prolongements

- Proposer un travail sur les articulations (voir la séquence 64, page suivante).
- Proposer un travail sur le visage.

Les articulations

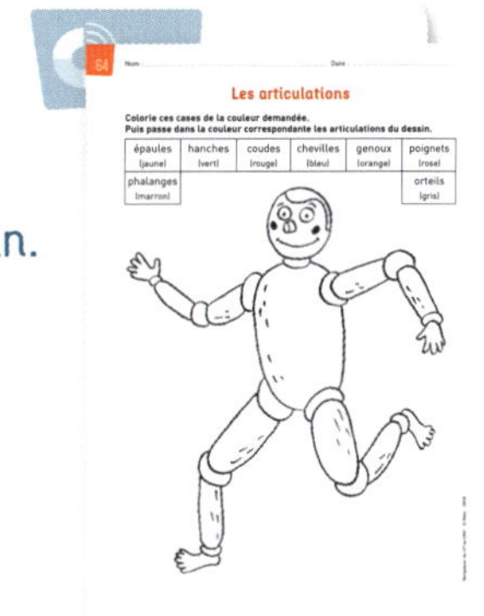

Questionner le monde Le vivant.
Objectif Connaitre et nommer les parties du corps humain.
Compétences – Prendre conscience de l'importance des articulations.
– Enrichir son vocabulaire.
Durée 30 à 45 min.
Matériel Fiche individuelle de travail
64. Fiche élève.

Déroulement

Recueil des représentations

Vidéoprojeter ou afficher la fiche élève au tableau (l'imprimer en format A3).

Des élèves vont devant la classe l'un après l'autre pour réaliser différents gestes :

- se gratter le nez ;
- ramasser un crayon ;
- écrire à l'ordinateur.

À chaque geste réalisé, les autres élèves doivent nommer les endroits du corps qui se plient ou sont sollicités : bras (coude), jambe (genou), main (doigts ou phalanges).

Le recueil des réponses se fait sur le personnage du tableau (y ajouter les légendes).

Trace écrite

Distribuer la fiche élève.

Les élèves colorient les articulations dans la couleur demandée.

Entrainement

• Exercice 1 : Les yeux fermés, les élèves doivent poser les mains sur la partie du corps nommée par l'enseignant (les épaules, les coudes, les poignets, les hanches...).

• Exercice 2 : Proposer aux élèves d'essayer d'exécuter différents gestes en bloquant une articulation. Par exemple :

- se gratter la tête sans plier les phalanges ;
- écrire sans plier le poignet ;
- s'asseoir sans plier les genoux ;
- se gratter la tête sans plier le coude.

Il s'agit de leur faire prendre conscience de l'importance des articulations.

Prolongement

On peut faire réaliser un pantin aux élèves avec des attaches parisiennes ; toutefois, il ne sera pas possible de représenter toutes les articulations (par exemple, les phalanges).

La pollution de l'air

Questionner le monde La matière.
Objectif Apprendre à respecter l'environnement.
Compétences – Comprendre les causes de la pollution.
– Distinguer les comportements qui favorisent la pollution de ceux qui protègent l'environnement.
– Adopter un comportement citoyen.
Durée 30 à 45 min.
Matériel Fiche individuelle de travail
65. Fiche élève.

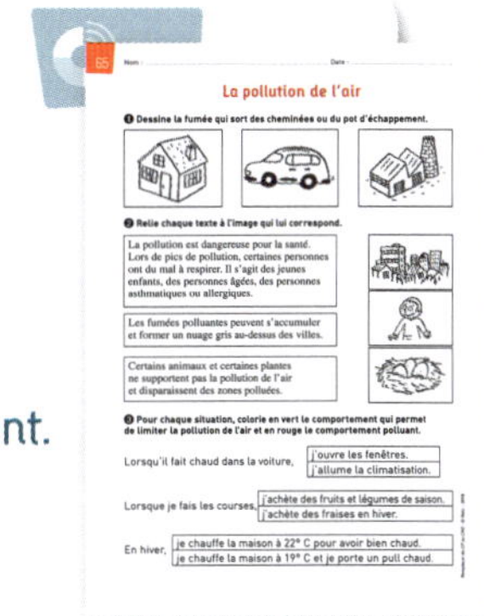
65
Nom : Date :

La pollution de l'air

1 Dessine la fumée qui sort des cheminées ou du pot d'échappement.

2 Relie chaque texte à l'image qui lui correspond.

La pollution est dangereuse pour la santé. Lors de pics de pollution, certaines personnes ont du mal à respirer. Il s'agit des jeunes enfants, des personnes âgées, des personnes asthmatiques ou allergiques.

Les fumées polluantes peuvent s'accumuler et former un nuage gris au-dessus des villes.

Certains animaux et certaines plantes ne supportent pas la pollution de l'air et disparaissent des zones polluées.

3 Pour chaque situation, colorie en vert le comportement qui permet de limiter la pollution de l'air et en rouge le comportement polluant.

Lorsqu'il fait chaud dans la voiture, j'ouvre les fenêtres. / j'allume la climatisation.

Lorsque je fais les courses, j'achète des fruits et légumes de saison. / j'achète des fraises en hiver.

En hiver, je chauffe la maison à 22° C pour avoir bien chaud. / je chauffe la maison à 19° C et je porte un pull chaud.

Déroulement

Les causes de la pollution de l'air

Distribuer la fiche élève.

• Exercice 1 : Les élèves désignent oralement les images : une maison, une voiture, une usine.

Poser des questions qui favorisent la compréhension de la situation pour chaque image. Par exemple : « Qu'est-ce que c'est ? À quoi cela sert-il ? Comment cela fonctionne-t-il ? Pourquoi y a-t-il une cheminée / un pot d'échappement ? Qu'est-ce qui en sort ? »

Après l'échange oral, les élèves dessinent la fumée qui sort des cheminées et du pot d'échappement.

Les conséquences de la pollution de l'air

• Exercice 2 : Les élèves doivent lire les vignettes et les relier à l'image qui correspond (afin de mémoriser les différentes situations).

La lecture des textes s'effectue d'abord oralement, afin de s'assurer que tous les élèves les ont bien compris.

Comment limiter la pollution de l'air ?

• Exercice 3 : Les élèves doivent colorier en vert l'étiquette qui décrit le comportement qui protège l'environnement et en rouge celle qui décrit un comportement polluant.

Chaque proposition est lue à voix haute. Aider les élèves lorsqu'ils ne comprennent pas en quoi un comportement est plus polluant qu'un autre :

– La climatisation augmente la consommation d'essence, donc la fumée (ou dioxyde de carbone).

– Les fruits lointains sont transportés en avion, ce qui consomme beaucoup de carburant et produit beaucoup de fumée. (L'avion est le moyen de transport qui génère le plus de pollution.)

– Plus le chauffage est réglé fort, plus il consomme d'énergie, donc plus il produit de fumée.

Le traitement des déchets

Questionner le monde La matière.

Objectif Apprendre à respecter l'environnement en classant et en limitant sa production de déchets.

Compétences – Classer, trier.
– Adopter un comportement citoyen.

Durée 45 min.

Matériel – Fiche individuelle de travail et son corrigé **66.** Fiche élève et **66.** Corrigé.

Déroulement

Prendre conscience de l'importance des déchets

Distribuer la fiche élève (attention, elle comporte deux pages).

• Exercice 1 : Les élèves font une liste de tout ce qu'ils ont jeté à la poubelle.

Lors d'une mise en commun, écrire au tableau les réponses des élèves, afin de leur faire constater la diversité et le nombre de déchets jetés par jour.

Un corrigé est disponible en annexe.

Prendre conscience de la longévité des déchets

• Exercice 2 : Les élèves lisent les vignettes et classent les déchets par ordre de décomposition. La recherche peut se faire en petits groupes. Ils prennent conscience de l'extrême longévité de certains déchets.

Le traitement des déchets

• Exercice 3 : Les élèves doivent classer les déchets en fonction de leur matière, afin de pouvoir les trier sans se tromper dans la vie courante. Il peut être intéressant de faire colorier les poubelles selon les codes couleurs spécifiques à leur commune.

• Exercice 4 : Les élèves lisent le texte pour apprendre ce que deviennent les déchets une fois triés et répondent aux questions individuellement.

• Exercice 5 : Les élèves relient les déchets à l'objet recyclé qu'ils peuvent devenir. Ils peuvent s'aider du texte de l'exercice précédent.

Limiter la production de déchets

• Exercice 6 : Les élèves prennent conscience qu'ils peuvent limiter leur production de déchets par leur comportement.

67 CM1 | CM2

L'énergie

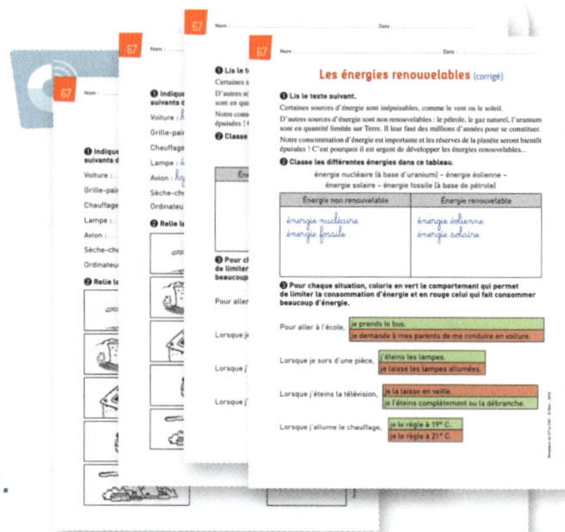

Sciences et technologie	La matière.
Objectif	Apprendre à respecter l'environnement en limitant sa consommation d'énergie.
Compétences	– Rechercher des informations. – Classer, trier. – Adopter un comportement citoyen.
Durée	2 séances de 45 min.
Matériel	– 2 fiches individuelles de travail 67. Fiche élève (1) et 67. Fiche élève (2). – Corrigé des deux fiches 67. Corrigé (1) et 67. Corrigé (2).

Première séance

Déroulement

L'énergie dans la vie courante

Distribuer la première fiche élève sur les différentes énergies.

• Exercice 1 : Les élèves recherchent comment fonctionnent les appareils de la vie quotidienne. Pour certains appareils (le chauffage et la voiture), plusieurs réponses sont possibles.

Ils utilisent leurs connaissances, des dictionnaires, des encyclopédies ou Internet.

La recherche s'effectue au brouillon, individuellement ou en petits groupes. La mise au propre sur la fiche s'effectue une fois le travail validé collectivement.

Comprendre d'où vient l'énergie

• Exercice 2 : Les élèves doivent relier le transformateur d'énergie à la source d'énergie.

Là encore, ils utilisent leurs connaissances, des dictionnaires, des encyclopédies ou Internet.

La démarche est la même que pour l'exercice 1.

À l'issue de la correction, faire répéter aux élèves : l'éolienne utilise le vent ; le barrage utilise l'eau ; le panneau solaire utilise le soleil ; le moteur utilise le pétrole ; la centrale nucléaire utilise l'uranium.

Un corrigé est disponible en annexe.

Seconde séance

Déroulement

Différencier énergie renouvelable et énergie non renouvelable

Distribuer la seconde fiche élève sur les énergies renouvelables.

Un corrigé est disponible en annexe.

- Exercice 1 : Le texte est lu individuellement puis collectivement. Les élèves le reformulent ; s'assurer ainsi de leur compréhension du texte.
- Exercice 2 : À partir du texte, les élèves doivent classer les sources d'énergie. Expliciter auparavant les notions de *renouvelable* et *non renouvelable*.
- Exercice 3 : Les élèves sont invités à colorier en vert la case qui décrit le comportement protégeant l'environnement et en rouge celle qui décrit un comportement consommant beaucoup d'énergie. Ils prennent ainsi conscience qu'ils peuvent limiter leur consommation d'énergie par leur comportement.

Prolongements

- Observer et faire commenter des images, des documents relatifs aux différentes énergies.
- Rappeler régulièrement les gestes permettant de limiter sa consommation d'énergie.

68 CM1 | CM2

L'hygiène

68 Nom : Date :

L'hygiène (2)

Voici des règles d'hygiène.
Découpe les étiquettes et regroupe celles qui vont ensemble.
Explique ton classement.

Je mets les aliments frais au réfrigérateur.
Je prends une douche tous les jours.
Je me lave les mains avec du savon après être allé(e) aux toilettes.
J'aère les pièces de la maison et de la salle de classe.
Je me brosse les dents après chaque repas.
Je me lave les mains avec du savon avant de manger.
Je nettoie ma chambre.
Je ne mange pas de fruit qui commence à pourrir (tache brune).
Je me mouche dans un mouchoir en papier et je le jette à la poubelle.
Je ne laisse pas trainer la vaisselle sale.
Je regarde la date de péremption des aliments avant de les manger.
Je mets la main devant ma bouche quand je tousse ou j'éternue et je me lave les mains.

Sciences et technologie Le fonctionnement du corps et la santé.

Objectif Connaitre et comprendre les règles d'hygiène de la vie quotidienne.

Compétences
- Rechercher des informations.
- Classer, trier.
- Se respecter en adoptant les principales règles d'hygiène.

Durée 2 séances de 45 min.

Matériel 2 fiches individuelles de travail 68. Fiche élève (1) et 68. Fiche élève (2).

Première séance

Déroulement

Recueil des représentations

Demander aux élèves : « Qu'est-ce qu'un microbe ? »

Écrire les différentes réponses au tableau. Ne pas commenter pour le moment.

Recherche

Distribuer la première fiche élève.

• Exercice 1 : Les élèves lisent les vignettes silencieusement puis des volontaires les lisent à voix haute. Les inviter à confronter leurs premières représentations avec les situations décrites.

Ces petits textes leur permettent en effet de prendre conscience de la diversité des microbes.

• Exercice 2 : Les élèves répondent ensuite aux questions écrites, individuellement.

Il s'agit de leur faire comprendre que tous les microbes ne sont pas forcément mauvais ; que tous se transmettent ; et que les nocifs sont à éliminer en partie grâce au lavage des mains, au fait de mettre son coude devant sa bouche quand on éternue (ou que l'on tousse), etc.

Seconde séance

Déroulement

Découverte des règles d'hygiène

Demander aux élèves les gestes qu'ils connaissent, relatifs à la propreté. Les écrire au tableau. Faire rappeler ceux qui ont été évoqués dans la première séance.

Distribuer la seconde fiche élève.

Comparer les gestes d'hygiène proposés à ceux trouvés par les élèves.

Par groupe, sur une feuille A3, demander aux élèves de rechercher un critère de classement pour ces différents gestes. Donner cette consigne : « Regroupez les actions qui vont ensemble. Expliquez pourquoi vous les avez regroupées. »

Mise en commun

La mise en commun et la confrontation des différents critères de classement doit permettre de commenter et de comprendre les différents gestes d'hygiène.

On peut proposer un critère de classement fondé sur l'objet des soins reçus : le corps ; l'alimentation ; la maison.

Trace écrite

Concevoir collectivement une trace écrite avec les élèves sous forme de tableau. Proposer ces têtières : l'hygiène du corps ; l'hygiène alimentaire ; l'hygiène domestique.

Prolongement

Par groupe, faire réaliser des affiches de sensibilisation à l'hygiène qui seront exposées dans l'école. Chaque groupe choisit un geste, un message court ; puis il réalise une photo qui met le geste en scène ; enfin, il le met en page avec les TICE.

69 Début à fin de CP

La date

Questionner le monde Le temps.

Objectif Comprendre le système de la date.

Compétences
- Connaitre les jours de la semaine à l'oral et à l'écrit.
- Ordonner des dates.

Durée 1 ou 2 séances de 30 min.

Matériel 2 fiches individuelles de travail 69. Fiche élève (1) et 69. Fiche élève (2).

Première séance

Déroulement

Cette première séance permet de faire un rappel sur les jours de la semaine.

Rappel

Écrire les jours de la semaine au tableau dans le désordre. Interroger les élèves sur ce qui est écrit.

Demander aux élèves de dire quel est le premier jour de la semaine ; un élève vient le montrer au tableau. Un autre élève vient montrer le deuxième, puis le troisième, etc. jusqu'au dernier.

Recopier les jours de la semaine dans l'ordre au tableau.

Entrainement

Distribuer la première fiche élève.

- Exercice 1 : Il s'agit de faire ordonner les jours de la semaine.
- Exercice 2 : Ce travail permet de renforcer la connaissance de l'ordre des jours de la semaine et de s'entrainer à les écrire.

Les jours peuvent être écrits soit en ligne, soit en colonne, de préférence en cursive.

Seconde séance

Déroulement

Rappel

Écrire la date du jour au tableau. Faire chercher la date de la veille, puis du lendemain et du surlendemain. Rappeler le fonctionnement de la date, le rôle de chaque information.

Entrainement

Distribuer la seconde fiche élève.

• Exercice 1 : Le travail est identique à celui de la fiche de la séance précédente, mais il porte cette fois sur les dates. Demander aux élèves de découper les dates et de les coller dans l'ordre.

Faire formuler par les élèves les indices à repérer : les jours doivent être dans l'ordre, les numéros également (le mois, lui, est toujours le même).

• Exercice 2 : Demander aux enfants de dire oralement les dates du jour, de la veille et du lendemain. Puis les faire écrire sur la feuille.

Prolongement

Proposer un travail sur le calendrier (voir la séquence 70, page suivante).

70 Début à fin de CE1

Le calendrier

Questionner le monde Le temps.

Objectif Apprendre à utiliser un calendrier.

Compétences
- Connaitre les jours de la semaine et les mois de l'année à l'oral et à l'écrit.
- Rechercher des informations.

Durée 45 min.

Matériel
- Un calendrier de l'année en cours par élève (ou une photocopie).
- Fiche individuelle de travail 70. Fiche élève.

70 Nom Date

Le calendrier

1 Recopie les mois de l'année dans l'ordre.

aout - janvier - décembre - septembre - mai - juillet - novembre - février - juin - avril - mars - octobre

2 Réponds aux questions suivantes à l'aide d'un calendrier.

Quel jour de la semaine est le 19 juin ?

Est-ce qu'il y a école le 20 juillet ?

Est-ce qu'il y a école le 15 septembre ?

Combien y a-t-il de mardis en octobre ?

3 Découpe les dates en bas de la page et colle-les ici dans l'ordre.

Jeudi 8 novembre 2018	Mardi 1er octobre 2019
Lundi 1er octobre 2018	Dimanche 1er juillet 2018
Mercredi 9 mai 2018	Vendredi 18 janvier 2019

Déroulement

Découverte

Pour ce travail, chaque élève doit disposer d'un calendrier de l'année en cours (ou d'une photocopie).

Les élèves découvrent le calendrier et le décrivent oralement :

– Description de l'organisation (mois, quantième, jours).

– Comptage des mois de l'année. Inviter les élèves à prendre des repères : le mois de la rentrée, le mois de Noël, le mois en cours, les mois des grandes vacances, etc.

– Comparaison du nombre de jours dans chaque mois.

Repérage : le fonctionnement du calendrier

Demander aux élèves de trouver des informations précises sur leur calendrier :

– Quel jour de la semaine est le 25 janvier ?

– Combien y a-t-il de lundis en mars ?

– Combien de jours a le mois de mai ?

– Etc.

Compréhension : la fonction du calendrier

Les élèves utilisent leur calendrier en y notant les dates importantes :

– les jours fériés ;

– les grandes vacances ;

– les anniversaires ;

– les évènements propres à la classe.

Ils comprennent ainsi pourquoi on utilise un calendrier, outre le fait qu'il indique la date.

Entrainement

Distribuer la fiche élève.

• Exercice 1 : Les élèves doivent retrouver l'ordre des mois de l'année.

• Exercice 2 : Les élèves doivent retrouver des informations dans le calendrier.

• Exercice 3 : Les élèves doivent retrouver l'ordre des dates (en faisant attention à l'année aussi).

Prolongement

Faire comparer différents types de calendriers.

71 Début à fin de CE1

L'école au fil du temps

L'école au fil du temps

❶ À l'aide des informations données dans le texte, complète le tableau suivant.

	AUTREFOIS	AUJOURD'HUI
Âge d'entrée au CP		
Matériel		
Vêtements des filles		
Vêtements des garçons		
Leçons		
Récréations		
Jeux		
Vacances d'été		

❷ À l'aide du tableau et du texte, colorie en bleu ce qui n'a pas changé et en jaune ce qui a changé.

Les vêtements | L'âge des élèves | Le jour de congé par semaine | Les punitions | Les vacances | Les classes des filles et des garçons | Les jeux | Ce qu'on apprend | Le matériel | Les récréations

Questionner le monde Le temps.

Objectif Comparer l'école à deux époques différentes.

Compétences
- Prendre conscience de l'évolution des modes de vie.
- Rechercher des informations dans un texte.

Durée 45 min.

Matériel
- Texte *L'école au fil du temps* à photocopier 71. Texte.
- Fiche individuelle de travail 71. Fiche élève.

Déroulement

Découvrir l'école en 1950

Distribuer le texte *L'école au fil du temps* photocopié :

> **Jacqueline, née en 1949, raconte ses années d'école.**
> **• À quel âge êtes-vous entrée au CP ?**
> Je suis entrée au cours préparatoire à 6 ans en 1955. Auparavant, j'étais allée un an à l'école maternelle.
> **• Comment étiez-vous habillée pour vous rendre à l'école ?**
> Les filles portaient une jupe, un pull et un tablier, des chaussures souvent à lacets et de grandes chaussettes qui montaient jusqu'aux genoux.
> **• Vous souvenez-vous comment étaient habillés les garçons?**
> Les garçons portaient des « culottes courtes », des genres de grands shorts qui s'arrêtaient aux genoux. Leurs chaussettes montaient jusqu'aux genoux. Dans beaucoup d'écoles, ils portaient un tablier gris par-dessus leurs vêtements.
> **• Étiez-vous en classe avec les garçons ?**
> Les filles et les garçons n'étaient pas dans les mêmes écoles. Dans un même bâtiment, il y avait deux portes et deux cours de récréation séparées par un haut mur. Les filles avaient des maitresses et les garçons des maitres. Certaines maitresses étaient sévères et j'en ai connu une qui pinçait très fort les joues des élèves qui ne savaient pas leur leçon. Tous les soirs, nous avions des devoirs et des leçons, certaines élèves avaient des punitions ou des retenues après la classe.

• **Qu'appreniez-vous à l'école ?**
Nous apprenions à lire, à écrire, à compter. Nous avions des leçons de morale, d'histoire de France, de géographie de la France, des leçons de chant et de récitation. Nous faisions beaucoup de dictées et de grammaire. Nous avions également des cours de couture une fois par semaine.
• **Comment écriviez-vous ?**
Nous écrivions avec un porteplume et des plumes en métal. Dans chaque table, il y avait un encrier en porcelaine blanche que la maitresse remplissait avec de grandes bouteilles d'encre noire. Une fois par mois, nous allions à la queue leu leu nettoyer notre encrier au lavabo et c'était la fête ! Nous avions aussi des crayons, une règle, une gomme, un taille-crayon dans notre trousse, ainsi qu'une ardoise.
• **Aviez-vous des récréations ?**
Nous avions une récréation le matin et une l'après-midi.
Nous sautions à la corde, seules ou à plusieurs. Nous jonglions avec de petites balles en caoutchouc ; beaucoup savaient jongler avec deux ou trois balles, contre un mur ou avec une amie, en récitant des comptines. Nous jouions à nous poursuivre. Il y avait aussi des jeux avec des ficelles, des jeux de mains à deux face à face...
• **Aviez-vous des vacances ?**
Bien sûr ! Les vacances d'été débutaient fin juin et la rentrée se faisait mi-septembre. Nous avions école le mercredi mais pas le jeudi.

Présenter le texte : il s'agit d'une dame de 70 ans qui raconte ses souvenirs d'école dans une interview.

Lire le texte à voix haute, puis demander à deux élèves de le lire à leur tour, l'un posant les questions et l'autre y répondant.

Comparer l'école de 1950 et l'école d'aujourd'hui

Distribuer la fiche élève.

• Exercice 1 : Les élèves doivent utiliser les informations de l'interview pour compléter leur tableau. Par deux, ils complètent d'abord la colonne « autrefois » qui est basée sur le texte (au crayon). Ensuite, ils remplissent la colonne « aujourd'hui » qui s'appuie sur leur propre perception de l'école.

Lors d'une mise en commun, remplir le tableau collectivement avec les élèves, qui le mettent ensuite au propre sur leur feuille de travail.

• Exercice 2 : Les élèves utilisent les informations qu'ils ont rassemblées pour réaliser une comparaison entre l'école d'autrefois et l'école d'aujourd'hui. Oralement, cette comparaison peut être complétée avec les connaissances des élèves, les souvenirs rapportés par leurs proches, etc.

Prolongement

Faire observer des images, des photos, des documentaires, des extraits de film illustrant l'école autrefois.

72 Milieu de CE2

L'invention de l'écriture

Questionner le monde Le temps.

Objectif Connaitre différentes écritures et les conditions de leur invention.

Compétences
- Analyser des images.
- Rechercher des informations dans un texte.
- Utiliser une frise.

Durée 45 min à 1h.

Matériel
- Documents à photocopier et/ou à vidéoprojeter 72. Documents.
- Fiche individuelle de travail et son corrigé 72. Fiche élève et 72. Corrigé.

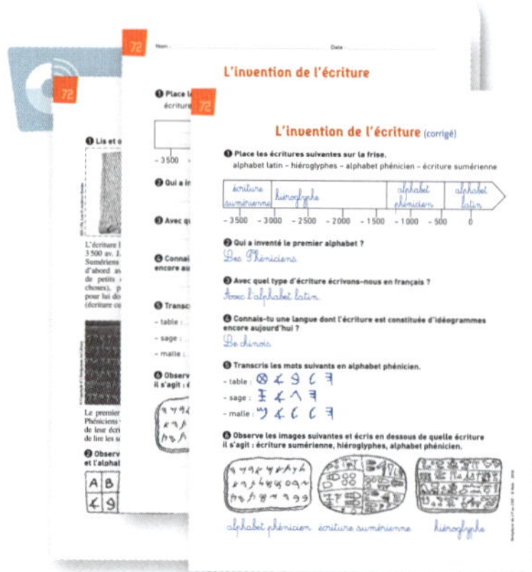

Déroulement

Comparer différentes écritures

Distribuer les documents.

• Exercice 1 : Faire analyser les images.

Les élèves regardent les images et lisent les légendes qui les accompagnent.

Quelques élèves lisent ensuite les légendes à voix haute.

Poser des questions orales pour s'assurer de la bonne compréhension des élèves.

Par exemple :

« Que voyez-vous sur ces images ? Quelle est l'écriture la plus ancienne ? Quelle est l'écriture que nous utilisons encore aujourd'hui en France ? Quelle image représente des hiéroglyphes ? Quelle image représente l'écriture sumérienne ? »

• Exercice 2 : Faire observer l'alphabet.

Inviter les élèves à comparer les lettres phéniciennes et les lettres latines.

Faire remarquer que toutes les lettres latines n'ont pas de correspondance : on peut en déduire que certains sons étaient absents de la langue phénicienne. Préciser également que les deux S représentaient deux sons différents.

Sur ardoise, demander aux élèves d'écrire des lettres phéniciennes.

Ordonner les différentes écritures dans le temps

Distribuer la fiche élève.

Un corrigé est disponible en annexe.

• Exercice 1 : Placer les écritures sur la frise en s'aidant des dates indiquées dans les documents (au besoin, utiliser des abréviations).

Comparer les différentes écritures

• Exercices 2 et 3 : Les élèves répondent aux questions en s'appuyant sur les informations données dans les documents.

• Exercice 4 : La réponse n'est pas dans les documents ; il s'agit de l'écriture chinoise par exemple. Cette réponse peut être recherchée collectivement.

• Exercice 5 : Les élèves transcrivent les mots en s'aidant de la correspondance des alphabets donnée dans les documents.

• Exercice 6 : Les élèves utilisent leurs connaissances pour analyser les dessins. Le premier représente l'alphabet phénicien, le deuxième l'écriture sumérienne, le troisième des hiéroglyphes.

73 Milieu de **CM1**

Les châteaux forts

Histoire Le Moyen Âge.

Objectif Connaitre des éléments de la construction des châteaux forts.

Compétences – Rechercher des informations dans un texte.
– Enrichir le vocabulaire spécifique à l'histoire.

Durée 45 min à 1h.

Matériel 2 fiches individuelles de travail 73. Fiche élève (1) et 73. Fiche élève (2).

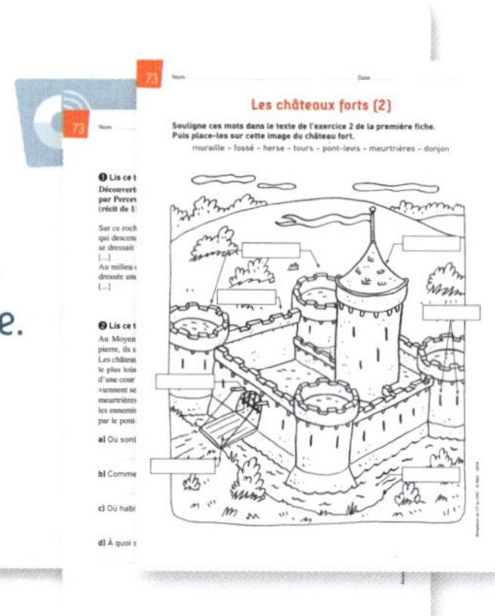

Déroulement

Découverte d'un récit du Moyen Âge

Distribuer la première fiche élève.

• Exercice 1 : Présenter le texte : il s'agit d'un extrait d'une chanson de geste appelée *Le Conte du Graal*. Les chansons de geste étaient des histoires que racontaient les troubadours. *Le Conte du Graal* raconte l'histoire de Perceval, un jeune homme qui devient un chevalier.

Lire le texte à voix haute, ce qui en facilite la compréhension.

Après cette première lecture, les élèves reformulent chaque petit paragraphe avec leurs propres mots.

Lorsqu'ils ont bien compris le texte, ils le relisent silencieusement, puis quelques élèves le lisent à voix haute.

Ensuite, les élèves dessinent le château (de manière simplifiée) en tenant compte des éléments présents dans le texte : évocation du donjon, de la muraille, du pont-levis.

Comprendre à quoi sert un château fort

• Exercice 2 : Les élèves lisent le texte silencieusement. Puis un élève lit le texte à voix haute.

Poser quelques questions à l'oral pour s'assurer de la bonne compréhension du texte : « Qui habite dans le château fort ? À quoi sert un château fort ? (*À habiter et à se défendre.*) Pourquoi est-il construit en hauteur ? »

Les élèves répondent seuls aux questions en recherchant les réponses dans le texte. Corriger ensuite collectivement au tableau.

Repérer les différentes parties d'un château fort

Distribuer la seconde fiche élève.

Les élèves placent les mots demandés en s'appuyant sur le texte de la fiche précédente. Corriger ensuite collectivement l'exercice (par exemple, sur une copie A3 affichée au tableau).

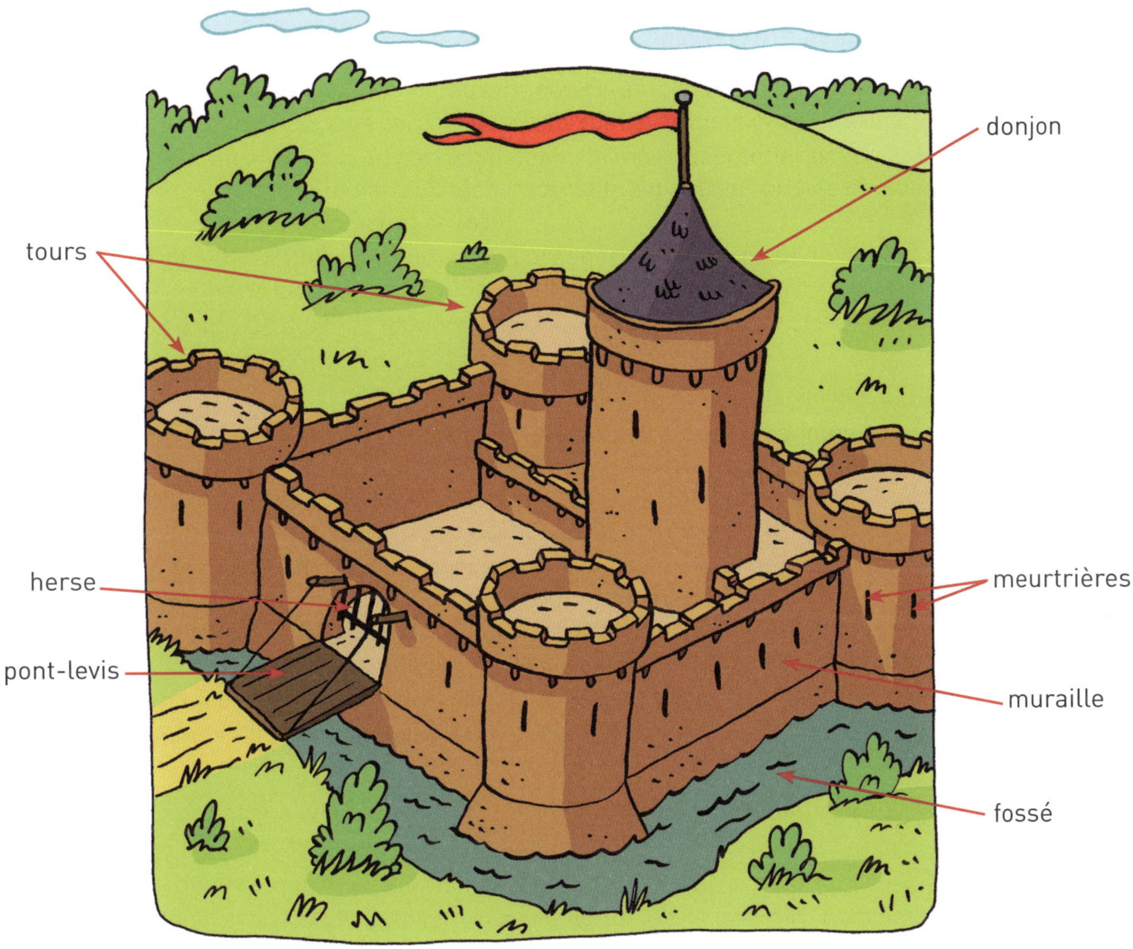

Prolongement

Proposer un travail sur la vie des chevaliers au Moyen Âge.

74 CM1

La découverte de l'Amérique

Histoire	La fin du Moyen Âge.
Objectif	Connaitre un évènement et un personnage représentatifs des Temps modernes : la découverte de l'Amérique et Christophe Colomb.
Compétences	– Rechercher des informations dans un texte. – Utiliser un planisphère.
Durée	45 min à 1 h.
Matériel	2 fiches individuelles de travail 74. Fiche élève (1) et 74. Fiche élève (2).

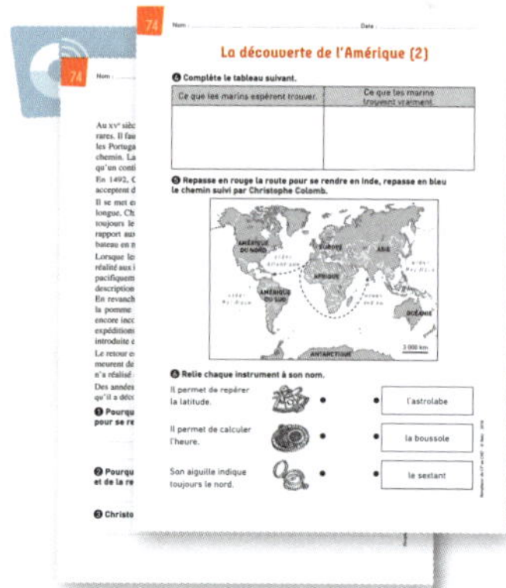

Déroulement

Prendre connaissance des évènements

Distribuer la première fiche élève.

Les élèves lisent le texte silencieusement.

Poser quelques questions orales pour s'assurer de la bonne compréhension du texte : « De quoi parle le texte ? Que veut faire Christophe Colomb ? De quel pays vient-il ? Comment voyage-t-il ? Où arrive-t-il ? Que trouve-t-il là-bas ? Etc. »

Il est utile de montrer aux élèves les différents lieux cités (Espagne, Portugal, Amérique, Bahamas, Inde) sur un planisphère.

Ensuite, des élèves lisent le texte à voix haute.

Comprendre les aspects et les enjeux de la découverte de l'Amérique

• Question 1 : Les élèves sont amenés à comprendre que des enjeux économiques sont à l'origine de cette expédition ; la route étant contrôlée par les Portugais, les Espagnols ont tout intérêt à trouver un autre chemin.

• Question 2 : Il s'agit ici de faire comprendre que Christophe Colomb a besoin de financement : trois bateaux équipés coutent très cher.

• Question 3 : Christophe Colomb n'arrive jamais en Inde. Pourtant, les habitants d'Amérique seront appelés les « Indiens ».

Distribuer la seconde fiche élève, une fois les trois premières questions corrigées collectivement.

• Question 4 : Les élèves recherchent dans le texte ce que les explorateurs espèrent trouver : les richesses de l'Inde (parfum, épices, or) ; puis ce qu'ils ont vraiment trouvé : les nouveautés de l'Amérique (tomate, pomme de terre, haricots…). Ils doivent comprendre que la plupart des plats que nous mangeons aujourd'hui sont préparés avec des aliments découverts à cette époque. Ils étaient encore inconnus au Moyen Âge en Europe.

• Question 5 : À partir de la description des chemins, les élèves repèrent la route des Indes et le chemin parcouru par Christophe Colomb (lors de son premier voyage, où il a accosté aux Bahamas). Ils peuvent utiliser un planisphère pour situer les différents pays et continents et les ajouter au planisphère simplifié de la feuille de travail. Mais il s'agit surtout ici de leur faire repérer globalement l'Amérique et l'Inde.

• Question 6 : Les élèves repèrent les instruments grâce à leur définition qui est aussi dans le texte. Ils peuvent également rechercher les noms de ces instruments dans un dictionnaire illustré.

l'astrolabe

le sextant

la boussole

Prolongement

Proposer un travail sur les navigateurs des grandes découvertes : Magellan, Cartier, etc.

75 CM1

Napoléon Bonaparte

Histoire	Le temps de l'Empire.
Objectif	Connaitre un personnage historique : Napoléon Bonaparte
Compétences	– Comprendre un texte historique. – Analyser des informations. – Utiliser une frise.
Durée	45 min.
Matériel	Fiche individuelle de travail 75. Fiche élève.

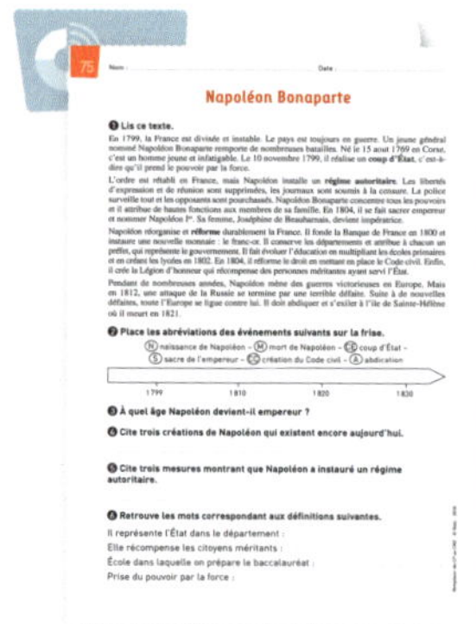
75 Nom : Date :

Napoléon Bonaparte

❶ Lis ce texte.

En 1799, la France est divisée et instable. Le pays est toujours en guerre. Un jeune général nommé Napoléon Bonaparte remporte de nombreuses batailles. Né le 15 aout 1769 en Corse, c'est un homme jeune et infatigable. Le 10 novembre 1799, il réalise un **coup d'État**, c'est-à-dire qu'il prend le pouvoir par la force.

L'ordre est rétabli en France, mais Napoléon installe un **régime autoritaire**. Les libertés d'expression et de réunion sont supprimées, les journaux sont soumis à la censure. La police surveille tout et les opposants sont pourchassés. Napoléon Bonaparte concentre tous les pouvoirs et il attribue de hautes fonctions aux membres de sa famille. En 1804, il se fait sacrer empereur et nommer Napoléon Ier. Sa femme, Joséphine de Beauharnais, devient impératrice.

Napoléon réorganise et **réforme** durablement la France. Il fonde la Banque de France en 1800 et instaure une nouvelle monnaie : le franc-or. Il conserve les départements et attribue à chacun un préfet, qui représente le gouvernement. Il fait évoluer l'éducation en multipliant les écoles primaires et en créant les lycées en 1802. En 1804, il réforme le droit en mettant en place le Code civil. Enfin, il crée la Légion d'honneur qui récompense des personnes méritantes ayant servi l'État.

Pendant de nombreuses années, Napoléon mène des guerres victorieuses en Europe. Mais en 1812, une attaque de la Russie se termine par une terrible défaite. Suite à de nouvelles défaites, toute l'Europe se ligue contre lui. Il doit abdiquer et s'exiler à l'île de Sainte-Hélène où il meurt en 1821.

❷ Place les abréviations des événements suivants sur la frise.

(N) naissance de Napoléon – (M) mort de Napoléon – (CE) coup d'État – (S) sacre de l'empereur – (CC) création du Code civil – (A) abdication

1799 1810 1820 1830

❸ À quel âge Napoléon devient-il empereur ?

❹ Cite trois créations de Napoléon qui existent encore aujourd'hui.

❺ Cite trois mesures montrant que Napoléon a instauré un régime autoritaire.

❻ Retrouve les mots correspondant aux définitions suivantes.

Il représente l'État dans le département :

Elle récompense les citoyens méritants :

École dans laquelle on prépare le baccalauréat :

Prise du pouvoir par la force :

Déroulement

Recueil des représentations

Demander oralement aux élèves qui était Napoléon Bonaparte. C'est un personnage historique extrêmement célèbre et il est intéressant de savoir ce que savent ou croient savoir les élèves à son sujet. La suite de la séance pourra renforcer leurs connaissances ou corriger leurs fausses idées.

Découverte

Distribuer la fiche élève.

• Exercice 1 : Les élèves lisent silencieusement le texte, puis des volontaires le lisent à voix haute. Lors de la lecture à voix haute, expliciter certains termes :

– *Coup d'État* : prise du pouvoir illégale, non démocratique, par la force.

– *Régime autoritaire* : régime non démocratique.

– *Censure* : relecture des journaux par le pouvoir, qui interdit la publication des articles (ou livres) qui lui semblent dangereux.

– *Abdiquer* : renoncer au pouvoir.

Veiller à reformuler l'essentiel après la lecture de chaque paragraphe. Inviter les élèves à donner un titre à chaque paragraphe :

– Le premier paragraphe traite de la prise du pouvoir par Napoléon.

– Le second paragraphe présente le régime autoritaire qu'il a mis en place.

– Le troisième paragraphe expose les réformes qu'il a menées.

– Le quatrième paragraphe explique les circonstances de sa chute.

Analyse du texte

• Exercice 2 : Les élèves doivent retrouver des informations dans le texte et les organiser sous forme de frise.

• Exercice 3 : Cette question apprend aux élèves à ne pas rechercher de réponse « toute faite » dans le texte, mais à réfléchir par eux-mêmes en réalisant un calcul simple (réponse : 30 ans).

• Exercice 4 : Les élèves peuvent être guidés pour cette question. Les réponses possibles sont : la Banque de France, les préfets, les lycées, le Code civil, la Légion d'honneur.

• Exercice 5 : Il s'agit ici de faire comprendre la différence entre un régime autoritaire et une démocratie. Les réponses possibles sont :

– Les interdits : la suppression de la liberté d'expression, de réunion (pour éviter que les opposants puissent se rassembler), la censure.

– Le contrôle : renforcement de la surveillance de la police, concentration des pouvoirs, placement de sa famille dans des hautes fonctions.

• Exercice 6 : Les élèves sont amenés à retrouver des informations dans le texte, afin de faciliter leur travail de mémorisation.

Voici les réponses : préfet – Légion d'honneur – lycée – coup d'État.

Trace écrite

Concevoir une trace écrite avec les élèves en gardant la trame du texte et l'essentiel de chaque paragraphe :

1) La prise du pouvoir par Napoléon.
2) Un régime autoritaire.
3) La France réformée.
4) La chute de Napoléon.

Prolongements

• Faire réaliser des recherches documentaires sur un aspect particulier du règne de Napoléon.

• Faire visionner des films ou des extraits de film sur Napoléon.

• Lire des poèmes de Victor Hugo évoquant Napoléon (*Les Châtiments*).

76 CM1 | CM2

Les six grandes périodes historiques

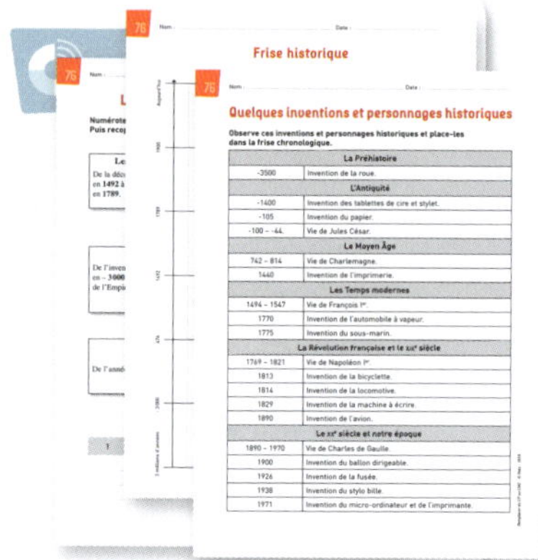

Histoire Les grandes périodes historiques.
Objectif Situer les grandes périodes historiques.
Compétences – Ordonner des dates.
– Construire une frise chronologique.
Durée 1 h.
Matériel – Fiche individuelle de travail 76. Fiche élève.
– Frise chronologique à compléter 76. Frise.
– Fiche de repères historiques à imprimer 76. Repères.

Déroulement

Découverte

Demander aux élèves s'ils connaissent les grandes périodes historiques.

Distribuer la fiche élève.

Un élève lit les noms des périodes.

Amener les élèves à repérer la différence de durée des périodes avant d'en faire retrouver l'ordre.

Une fois les périodes numérotées, demander de les copier sous la frise, afin de bien visualiser la chronologie.

Construction d'une frise

Distribuer une fiche Frise par élève ou prévoir seulement quelques frises agrandies pour les petits groupes.

Par groupe, les élèves complètent la frise chronologique avec le nom des périodes (sur les pointillés en haut).

Ils colorient chaque ligne d'une couleur différente :

– ligne « outils pour écrire » : en jaune ;

– ligne « moyens de transport » : en bleu ;

– ligne « personnages politiques » : en vert.

Lors d'un échange oral, laisser les élèves s'exprimer sur ce qu'ils savent des moyens de transport, des outils pour écrire et des personnages politiques à travers les différentes périodes.

Trace écrite

Distribuer la fiche Repères.

À l'aide de cette fiche, les élèves doivent compléter la frise.

La liste des inventions et des personnages est lue et expliquée.

Les élèves colorient de la même façon que la frise les différentes catégories : les outils pour écrire en jaune, les moyens de transport en bleu et les personnages politiques en vert.

Les élèves complètent ensuite leur frise en écrivant le nom des inventions et des personnages à la bonne place.

Mise en commun

Lors de la mise en commun, faire remarquer :

– les deux lectures possibles de la frise : verticale (vision d'ensemble d'une période) ou horizontale (évolution dans un domaine) ;

– l'absence de l'écriture pendant la préhistoire ;

– qu'une invention n'en remplace pas forcément une autre ;

– que les moyens de transport ont été particulièrement développés lors des Temps modernes ;

– que des inventions très anciennes influencent notre vie de tous les jours (par exemple, la roue).

Prolongement

Faire construire une grande frise illustrée pour la classe.

77 CM2

L'école de Jules Ferry

Histoire Le temps de la République.

Objectif Comprendre l'importance des lois Jules Ferry et leur influence sur notre vie aujourd'hui.

Compétences – Trouver des informations dans un texte.
– Analyser des documents.

Durée 45 min.

Matériel Fiche individuelle de travail et son corrigé.

77. Fiche élève et 77. Corrigé.

77

L'école de Jules Ferry (corrigé)

En 1870, c'est le début de la IIIe République.
A cette époque, de nombreux enfants travaillent très jeunes dans les champs, dans les mines de charbon ou dans des usines. Ils n'ont pas le temps d'apprendre à lire, à écrire, à compter. Seuls les plus riches reçoivent une instruction.
En 1883, Jules Ferry, ministre de l'Instruction publique, rend l'école gratuite, laïque et obligatoire de 6 à 13 ans.
La gratuité permet l'égalité de tous, les riches comme les pauvres.
La laïcité rend l'école indépendante de toute religion. Cela ne plait pas à l'Eglise catholique qui est très influente dans l'éducation et dans la vie en général à cette époque.
L'obligation scolaire ne plait pas non plus à de nombreux parents qui ne savent eux-même ni lire ni écrire et qui ont besoin de leurs enfants pour travailler dans les champs ou pour gagner un peu d'argent dans les usines.
Pour Jules Ferry, l'école est aussi et surtout un moyen de former des citoyens. Les cours de morale et l'instruction civique ont une grande importance, ils doivent permettre aux futurs adultes d'être honnête et d'être capable de voter et de décider par eux même.

❶ Au début de la IIIe République, tous les enfants-vont-ils à l'école ? Pourquoi ?
Au début de la IIIe République, tous les enfants ne vont pas à l'école car elle n'est pas gratuite ni obligatoire. Beaucoup travaillent pour aider leurs parents en gagnant un peu d'argent à l'usine ou en aidant dans l'entreprise familiale.

❷ Quels sont les trois principes de l'école de Jules Ferry ?
Les trois principes de l'école de Jules Ferry sont une école gratuite, laïque et obligatoire.

❸ Réponds par vrai ou faux
L'école est gratuite, cela veut dire que les familles ne doivent pas payer pour envoyer leurs enfants à l'école. Vrai
Ce sont les prêtres qui enseignent. Faux
Les parents sont obligés d'envoyer leurs enfants à l'école. Vrai
Seuls les garçons vont à l'école. Faux
Les enfants vont à l'école, quelle que soit leur religion. Vrai
Les lois de Jules Ferry rendent l'école maternelle obligatoire. Faux
A douze ans, on est obligé d'aller à l'école. Vrai

Déroulement

Découverte

Les élèves lisent le texte silencieusement, puis un élève lit le texte à voix haute.

Faire placer le début de la IIIe République sur la frise de la classe.

Expliquer les mots difficiles : instruction, laïque, citoyen

Compréhension

• Les questions 1, 2, 3 permettent de s'assurer de la compréhension du texte. Elles sont réalisées individuellement par les élèves et corrigées aussitôt.

Analyse d'un document historique :

• Exercice 4 : Expliquer aux élèves qu'il s'agit d'un extrait d'une lettre que Jules Ferry a adressé aux instituteurs. La lettre est beaucoup plus longue, elle fait plusieurs pages. Jules Ferry voulait que les instituteurs aient un rôle politique, ils devaient faire en sorte de protéger la république en formant des personnes instruites, honnêtes et attachées à la liberté, au droit de vote, à l'égalité.

Faire lire la lettre par un élève.

Expliquer pourquoi il est important pour Jules Ferry d'expliquer l'absence d'éducation religieuse : l'Église catholique était puissante à cette époque, elle organisait l'éducation, aussi, s'est-elle fortement opposée à cette loi. D'ailleurs cette opposition entre la République et l'Église catholique a abouti en 1905 à la séparation de l'Église et de l'État.

Les élèves répondent aux questions individuellement.

• Exercice 5 : Expliquer aux élèves qu'il s'agit du texte de loi officiel.

Faire remarquer que ce texte date de plus de 130 ans. On y reconnait toutefois beaucoup de notre école. Il est intéressant de faire le point sur les différences et les points communs avec l'école d'aujourd'hui : âge de l'obligation scolaire, matières enseignées.

Les élèves répondent aux questions individuellement

• Exercice 6 : Il s'agit d'un exercice de synthèse. Il contient les informations importantes que les enfants doivent retenir.

78 CM2

La Première Guerre mondiale : la vie dans les tranchées

Histoire La Première Guerre mondiale.

Objectif Comprendre un aspect de la Première Guerre mondiale : la guerre de tranchées.

Compétences – Trouver des informations dans un texte.
– Analyser des documents.

Durée 45 min.

Matériel Fiche individuelle de travail et son corrigé.
78. Fiche élève et 78. Corrigé.

78

La première guerre mondiale
La vie dans les tranchées (corrigé)

En 1914, l'Autriche-Hongrie déclare la guerre à la Serbie. Puis, par le jeu des alliances, c'est toute l'Europe qui s'engage dans la guerre.
Les Allemands commencent à envahir la France. Ils avancent rapidement vers Paris mais sont stoppés sur la Marne. Le front se stabilise.
Les soldats des deux côtés creusent des « tranchées ». Ce sont de longs fossés en zig-zag. On y trouve des abris, des postes de guets, des infirmeries.
Ces fossés doivent leur permettre de circuler en étant protéger des tirs ennemis tout en préparant des attaques pour détruire les tranchées ennemies et reconquérir du terrain.
Les soldats doivent y vivre, ils ont froid, ils ont faim, ils n'ont pas d'hygiène.

❶ Réponds par Vrai ou Faux
Seuls les soldats français creusent des tranchées. Faux
Les tranchées sont en zig-zag. Vrai
On utilise les tranchées pour se battre la journée puis on rentre à la maison le soir. Faux
On peut être soigné dans les tranchées. Vrai
Il faut essayer de détruire les tranchées ennemies. Vrai

Déroulement

Découverte

Les élèves lisent le texte silencieusement, puis un élève lit le texte à voix haute :

> En 1914, l'Autriche-Hongrie déclare la guerre à la Serbie. Puis, par le jeu des alliances, c'est toute l'Europe qui s'engage dans la guerre.
> Les Allemands commencent à envahir la France. Ils avancent rapidement vers Paris mais sont stoppés sur la Marne. Le front se stabilise.
> Les soldats des deux côtés creusent des « tranchées ». Ce sont de longs fossés en zig-zag. On y trouve des abris, des postes de guets, des infirmeries.
> Ces fossés doivent leur permettre de circuler en étant protéger des tirs ennemis tout en préparant des attaques pour détruire les tranchées ennemies et reconquérir du terrain. Les soldats doivent y vivre, ils ont froid, ils ont faim, ils n'ont pas d'hygiène.

© BIS / Ph. Moreau © Archives Larbor

© BIS / Ph. Jean-Loup Charmet © Archives Bordas

Faire placer le début de la Première Guerre mondiale sur la frise de la classe.

Expliquer les mots difficiles : alliance, front, hygiène.

Compréhension

- Exercice 1 : Cet exercice permet de s'assurer de la compréhension du texte.

Analyse d'un document historique

- Exercice 2 : Expliquer aux élèves que la vie quotidienne dans les tranchées était très difficile, et qu'on a de nombreuses lettres de soldats qui en témoignent. On peut en voir certaines au mémorial de Verdun. Cette lettre a d'ailleurs été écrite à Verdun, lieu de bataille très important au niveau des pertes humaines, de la durée des combats et du nombre de soldats ayant combattu à cet endroit. Montrer où est Verdun sur une carte murale.

Faire lire la lettre par un élève.

Les élèves répondent aux questions individuellement. Puis une mise en commun est réalisée.

- Exercice 3 : Faire remarquer aux élèves qu'il s'agit encore une fois d'une lettre écrite à Verdun. Elle traite un autre aspect des tranchées : les combats.

Les élèves répondent aux questions individuellement puis une mise en commun est réalisée.

- Exercice 4 : Il s'agit d'un exercice de synthèse qui regroupe les informations importantes à retenir par les élèves.

79 Du CP au CM2

Les premiers secours : donner l'alerte

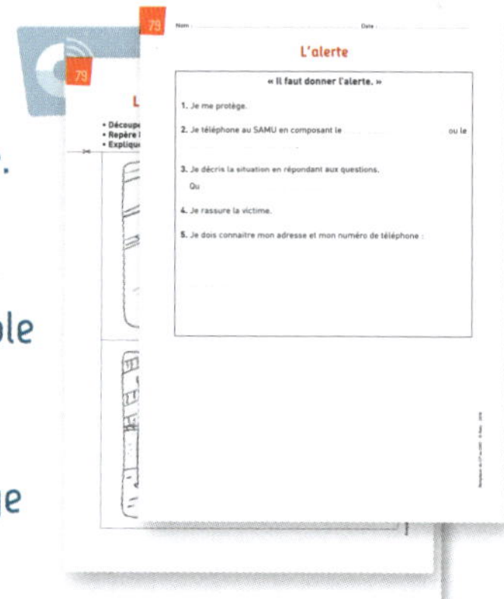

EMC Secours à autrui.

Objectif Donner l'alerte lors d'une situation d'urgence.

Compétences
- Identifier une situation d'urgence.
- Se protéger.
- Connaitre le numéro du SAMU et être capable de donner les informations importantes.

Durée 45 min et des entrainements réguliers.

Matériel
- Étiquettes-images à imprimer pour un usage individuel et/ou à vidéoprojeter 79. Étiquettes-images.
- Fiche mémo individuelle à compléter 79. Mémo-l'alerte.

Déroulement

Entrée dans l'activité

Distribuer la première image ou la vidéoprojeter au tableau.

Les élèves décrivent l'image et doivent repérer les dangers :
- comportement : se tenir derrière un vélo lorsqu'on est à roller ;
- protections : pas de port du casque.

Distribuer la seconde image ou la vidéoprojeter au tableau.

Les élèves proposent des idées pour venir en aide au blessé. On peut les guider par des questions fermées :
- Qui prévenir ?
- Comment prévenir ?
- Que dire à l'enfant blessé ?
- Où les enfants doivent-ils se mettre ?

Découverte du geste qui sauve : l'alerte

Distribuer la feuille mémo : « L'alerte ».

Lire ensemble les cinq points et les mettre en relation avec la situation découverte sur les images observées collectivement :

1) *Je me protège* : Les enfants doivent se mettre sur le trottoir.

2) *Je téléphone au SAMU* : Faire remarquer la cabine téléphonique. Ajouter qu'il est possible de demander à une personne son portable. Compléter la feuille avec 15 ou 112.

3) *Je décris la situation* : Faire décrire la situation et faire compléter la feuille avec les questions : « qui ? » « où ? » « quoi ? ».

4) *Je rassure la victime* : Un des enfants reste près du blessé pour le rassurer. Faire chercher des exemples de phrases à dire au blessé. (Par exemple : « Ne t'inquiète pas. On s'occupe de toi. Les secours arrivent. Etc. »)

5) Les élèves complètent la dernière ligne avec leurs coordonnées.

Entrainement (1)

Les élèves miment la situation suivante :

Trois élèves jouent le rôle des enfants, un élève ou l'enseignant joue le rôle du médecin régulateur du SAMU. Les autres élèves regardent la scène.

Après le jeu de rôle, les élèves évaluent la scène grâce à leur mémo. Ils vérifient que tous les points du mémo ont été pris en compte.

Entrainement (2)

Proposer d'autres jeux de rôle aux élèves afin de créer des automatismes. On peut donner des situations orales ou des images. Penser également à proposer des situations bénignes (type égratignure) dans lesquelles on n'appelle pas le SAMU.

Exemples

– Kévin est à la maison avec sa mère qui fait du repassage. Soudain, sa mère se brule tout l'avant-bras avec le fer à repasser.

– Marie et Sofia jouent devant la mairie. Soudain, Sofia devient toute blanche, elle tombe à terre et ne répond plus.

– Samir, Théo et Jessica jouent au ballon. Théo tombe par terre. Il a très mal à la jambe, il ne peut plus la bouger et ne peut plus se lever.

Prolongement

Compléter cette séquence d'apprentissage en enseignant les gestes d'urgence (voir la séquence 80, page suivante) :

- Appuyer sur une plaie qui saigne.
- Refroidir une brulure.
- Laisser un traumatisé dans la position trouvée.

La feuille mémo deviendra alors un « carnet mémo », en reliant les différentes annexes proposées dans les séquences 79 et 80.

80 Du **CP** au **CM2**

Les premiers secours : les gestes qui sauvent

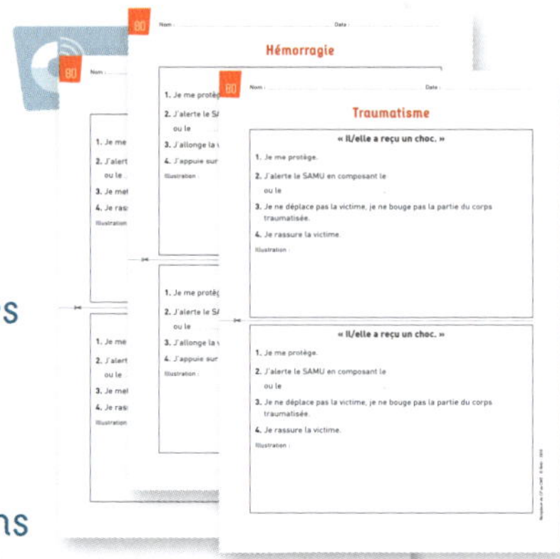

EMC Secours à autrui.

Objectif Réaliser des premiers gestes de secours dans une situation d'urgence.

Compétences
- Évaluer les risques de la vie quotidienne.
- Connaitre les premiers gestes et les mesures de précaution à prendre (en cas de saignement, en cas de brulure).

Durée 4 séances de 45 min.

Matériel
- Des catalogues avec des objets ou situations de la maison, de l'école, de la rue… (CP-CE1).
- 3 fiches mémo individuelles à compléter 80. Mémo-Brulure, 80. Mémo-Hémorragie et 80. Mémo-Traumatisme.

Première séance : Agir en cas de brulure

Déroulement

Prévention

Sur une affiche ou au tableau, élaborer collectivement une liste d'objets qui brulent :

– pour les CP et CE1 : faire découper des objets dans des catalogues préalablement apportés ;

– pour les CE2, CM1 et CM2 : la liste est construite oralement.

Faire rechercher les règles d'utilisation adéquate de ces objets : faire prendre conscience que ce ne sont pas les objets qui sont dangereux, mais plutôt les comportements (par exemple, renverser sur son bras un bol d'eau bouillante).

Réaliser une trace écrite collective : présenter les objets et les règles d'utilisation dans un tableau à deux colonnes.

Exemple :

Objets	Règles d'utilisation
Casserole	– Ne pas porter une casserole remplie d'eau bouillante. – Ne pas laisser le manche dépasser de la cuisinière pour éviter de renverser la casserole sur le feu.
Etc.	

Le geste qui sauve : représentations et découverte

Demander aux élèves ce qu'ils peuvent faire eux-mêmes en cas de brulure. Ébaucher une première liste.

Expliquer la différence entre une petite brulure, qui ne nécessite pas l'intervention du SAMU, et une brulure grave (une brulure est grave lorsqu'elle est de la taille de la paume de la main).

Distribuer la fiche mémo (62. Mémo-Brulure). Lire collectivement les quatre points.

Rappeler le numéro du SAMU.

Expliquer le geste à suivre en cas de brulure : il faut refroidir la blessure.

Les élèves réalisent une illustration (dessin ou photo) pour le mémo.

Entrainement

Proposer des jeux de rôle : fournir une situation que trois ou quatre élèves miment (voir les exemples proposés dans la séquence 79, p. 178), l'un jouant la victime, les autres jouant les témoins et le médecin régulateur du SAMU.

Penser également à proposer des situations bénignes dans lesquelles on n'appelle pas le SAMU.

Deuxième séance : Agir en cas d'hémorragie

Déroulement

Prévention

Sur une affiche ou au tableau, élaborer collectivement une liste d'objets qui coupent :

– pour les CP et CE1 : faire découper des objets dans des catalogues préalablement apportés ;

– pour les CE2, CM1 et CM2 : la liste est construite oralement.

Comme pour les objets qui brulent, rechercher les règles d'utilisation adéquates et réaliser une trace écrite.

Le geste qui sauve : représentations et découverte

Demander aux élèves ce qu'ils pourraient faire eux-mêmes en cas de coupure en attendant les secours.

Introduire le terme « hémorragie ». Insister sur la différence entre une petite coupure et une hémorragie (la victime saigne beaucoup).

Distribuer la fiche mémo (62. Mémo-Hémorragie). Lire collectivement les quatre points.

Rappeler une nouvelle fois le numéro du SAMU.

Expliquer le geste à suivre : on allonge la victime pour que le cerveau reste irrigué. On appuie fort sur la blessure pour arrêter le sang.

Les élèves réalisent une illustration (dessin ou photo) pour le mémo.

Entrainement

Proposer des jeux de rôle sur le même modèle que les séances précédentes.

Troisième séance : Agir en cas de traumatisme

Déroulement

Demander aux élèves s'ils ont déjà eu des accidents qui ont provoqué des coups, des chocs plus ou moins graves.

Laisser les élèves exprimer leur vécu.

Le geste qui sauve : représentations et découverte

Introduire le terme « traumatisme ». Demander aux élèves ce qu'ils pourraient faire eux-mêmes en cas de traumatisme.

Distribuer la fiche mémo (62. Mémo-Traumatisme). Lire collectivement les quatre points.

Rappeler une nouvelle fois le numéro du SAMU.

Expliquer le geste à suivre : on ne déplace pas la victime, car cela pourrait aggraver sa blessure.

Les élèves réalisent une illustration (dessin ou photo) pour le mémo.

Entrainement

Proposer des jeux de rôle sur le même modèle que les séances précédentes.

Quatrième séance : Synthèse

Déroulement

Demander aux élèves de relier toutes les feuilles mémo pour en faire un petit carnet. Faire réaliser la page de garde qui a pour titre « Les premiers secours ».

Pour les CE2-CM1-CM2 uniquement, la séquence peut être complétée avec les gestes suivants :

– Vérifier la présence ou non de l'état de conscience. Basculer la tête en arrière d'une personne inconsciente.

– Décrire l'état de ventilation : déterminer si une victime respire ou non en regardant sa poitrine se soulever.

– Installer une personne en position d'attente : placer la personne inconsciente en position latérale (sur le côté) de sécurité jusqu'à ce que les secours arrivent.

81 CP | CE1

Les émotions

EMC Je suis une personne.

Objectif Reconnaitre les émotions chez soi-même et chez les autres.

Compétences – Connaitre le nom des émotions principales, leurs causes et leurs manifestations.
– Reconnaitre les émotions chez soi-même.
– Écouter les autres lorsqu'ils expriment leurs émotions, faire preuve d'empathie.

Durée 45 min

Matériel Fiche individuelle de travail et son corrigé.
81. Fiche élève et 81. Corrigé.

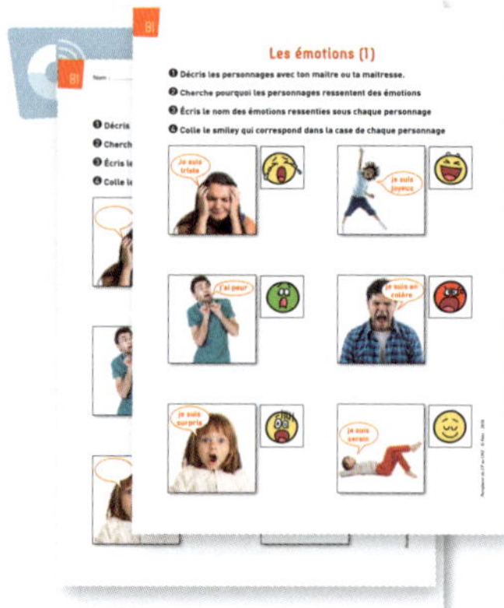

Déroulement

Découverte

• Exercice 1 : Les enfants décrivent les personnages.

Un personnage pleure, un autre saute de joie, un autre est en colère, un autre a peur, un autre est surpris et le dernier est serein. Expliquer aux enfants qu'ils ressentent différentes émotions. Une émotion est la manière dont on se sent à l'intérieur de nous-même, parfois cela se voit, comme sur les dessins, parfois cela ne se voit pas.

Faire remarquer qu'il s'agit d'enfants et d'adultes, de filles et de garçons. Certains enfants pensent que les adultes ne pleurent jamais ou n'ont jamais peur, c'est le moment de leur expliquer que les émotions touchent tous les êtres humains, quel que soit leur âge.

Compréhension

• Exercice 2 : Pour chaque personnage, les enfants cherchent oralement des raisons pour leur émotion.

Le premier personnage est triste parce que....

Cette phase leur permet de bien comprendre chaque émotion.

• Exercice 3 : Les enfants écrivent le nom de chaque émotion sous le dessin. (Triste, joyeux, en colère, a peur [ou effrayé], surpris [ou étonné], serein).

• Exercice 4 : Les enfants collent le smiley qui correspond à chaque émotion dans la case prévue à côté du dessin.

Réinvestissement

Demander régulièrement aux enfants comment ils se sentent, sans les obliger à répondre s'ils ne le souhaitent pas. On peut garder les smileys en affichage pour les aider à se souvenir des différentes émotions. On peut aussi photocopier un jeu de smileys pour chaque enfant.

Pouvoir exprimer ses émotions à la classe et écouter les émotions des autres permettent d'instaurer un climat de confiance et de respect bénéfiques à tous. L'enseignant peut participer également à cet échange et partager certaines de ses émotions avec les enfants.

82 CE2

Les émotions

EMC Je suis une personne.

Objectif Reconnaitre les émotions chez soi-même et chez les autres.

Compétences
- Connaitre le nom des émotions principales, leurs causes et leurs manifestations.
- Reconnaitre les émotions chez soi-même.
- Écouter les autres lorsqu'ils expriment leurs émotions, faire preuve d'empathie.

Durée 45 min

Matériel Fiche individuelle de travail et son corrigé.
82. Fiche élève et 82. Corrigé.

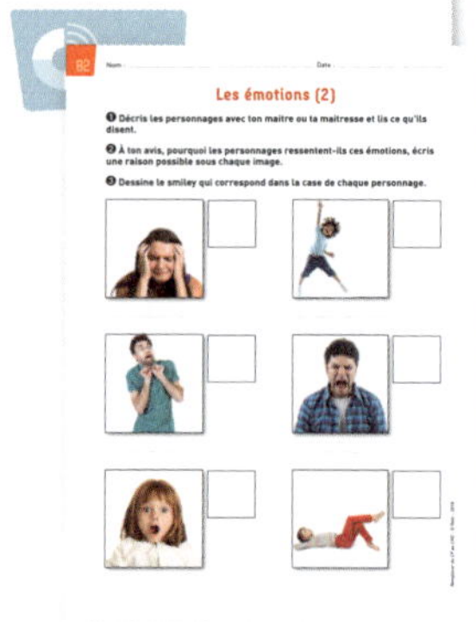

Déroulement

Découverte

• Exercice 1 : Les enfants décrivent les personnages et lisent les bulles.

Les mots sont expliqués oralement, en particulier « serein » qui est souvent inconnu des enfants et qui exprime un état de bien-être calme.

Expliquer aux enfants qu'il s'agit d'émotions. Une émotion est la manière dont on se sent à l'intérieur de nous-même, parfois cela se voit, comme sur les dessins, parfois cela ne se voit pas.

Faire remarquer qu'il s'agit d'enfants et d'adultes, de filles et de garçons, les émotions touchent tous les êtres humains.

Compréhension

• Exercice 2 : Pour chaque personnage, les enfants cherchent oralement des raisons pour leur émotion.

Le premier personnage est triste parce que....

Cette phase leur permet de bien comprendre chaque émotion.

Ils choisissent ensuite la raison qu'ils préfèrent et l'écrivent sous le dessin.

• Exercice 3 : Des élèves proposent des smileys pour les différentes émotions et viennent les dessiner au tableau.

Ils dessinent ensuite le smiley dans la case prévue.

Réinvestissement

Demander régulièrement aux enfants comment ils se sentent, sans les obliger à répondre s'ils ne le souhaitent pas.

Pouvoir exprimer ses émotions à la classe et écouter les émotions des autres permettent d'instaurer un climat de confiance et de respect bénéfiques à tous. L'enseignant peut participer également à cet échange et partager certaines de ses émotions avec les enfants.

Jeu oral : Faire continuer les phrases suivantes aux enfants :

La maitresse saute de joie parce que......
Le boulanger est en colère parce que....
Le petit garçon est serein parce que...
Le maitre-nageur est surpris parce que...
La jeune fille est triste parce que...
Le président de la République est joyeux parce que...

Cet exercice les invite à se mettre à la place des autres, donc développe leur empathie. Elle leur permet aussi de prendre conscience de manière ludique que tous les êtres humains ressentent des émotions, même les adultes, même les gens importants.

83 CM1 | CM2

Les émotions

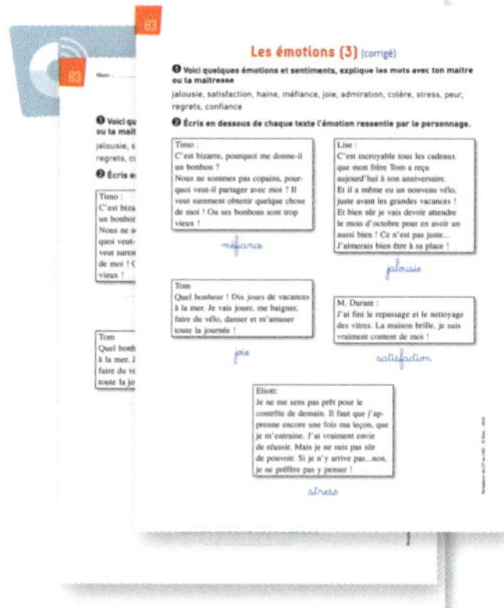
83

Les émotions (3) (corrigé)

❶ Voici quelques émotions et sentiments, explique les mots avec ton maitre ou ta maitresse

jalousie, satisfaction, haine, méfiance, joie, admiration, colère, stress, peur, regrets, confiance

❷ Écris en dessous de chaque texte l'émotion ressentie par le personnage.

Timo :
C'est bizarre, pourquoi me donne-il un bonbon ?
Nous ne sommes pas copains, pourquoi veut-il partager avec moi ? Il veut surement obtenir quelque chose de moi ! Ou ses bonbons sont trop vieux !

méfiance

Lise :
C'est incroyable tous les cadeaux que mon frère Tom a reçu aujourd'hui à son anniversaire.
Et il a même eu un nouveau vélo, juste avant les grandes vacances !
Et bien sûr je vais devoir attendre le mois d'octobre pour en avoir un aussi bien ! Ce n'est pas juste...
J'aimerais bien être à sa place !

jalousie

Tom
Quel bonheur ! Dix jours de vacances à la mer. Je vais jouer, me baigner, faire du vélo, danser et m'amuser toute la journée !

joie

M. Durant :
J'ai fini le repassage et le nettoyage des vitres. La maison brille, je suis vraiment content de moi !

satisfaction

Eliott:
Je ne me sens pas prêt pour le contrôle de demain. Il faut que j'apprenne encore une fois ma leçon, que je m'entraine. J'ai vraiment envie de réussir. Mais je ne suis pas sûr de pouvoir. Si je n'y arrive pas...non, je ne préfère pas y penser !

stress

EMC	Je suis une personne.
Objectif	Reconnaitre les émotions chez soi-même et chez les autres.
Compétences	– Connaitre le nom des émotions et des sentiments, leurs causes et leurs manifestations. – Reconnaitre les émotions chez soi-même. – Écouter les autres lorsqu'ils expriment leurs émotions, faire preuve d'empathie.
Durée	2 séances de 45 min.
Matériel	Fiche individuelle de travail et son corrigé. 83. Fiche élève et 83. Corrigé.

Première séance

Découverte

• Exercice 1 : Lire les noms des émotions et les expliquer oralement. Les élèves proposent des exemples. On peut également avoir recours au dictionnaire.

Compréhension

• Exercice 2 : Les petits textes sont lus oralement. Le travail est collectif. Avec l'aide de l'enseignant, les élèves recherchent à quelle émotion correspond chaque texte.

Deuxième séance

Compréhension

• Exercice 3 : Certaines émotions nous rendent la vie facile, d'autres nous la rendent difficile. Un travail de classement est réalisé au tableau. Les élèves sont amenés à argumenter pourquoi ils classent les émotions dans l'une ou l'autre colonne.

Les enfants recopient ensuite le tableau sur leur feuille de travail.

Réinvestissement

• Exercice 4 : Cet exercice est là pour aider les élèves à analyser leurs émotions et leur intensité.

On leur explique que quand une émotion est très forte, elle nous remplit, comme de l'eau peut remplir un verre. Ils peuvent donc tracer un trait dans chaque verre qui correspond à l'intensité de l'émotion ressentie.

Quatre émotions sont proposées : la peur, la joie, la colère, la tristesse. Pour les quatre autres verres, chaque enfant choisit l'émotion qu'il souhaite dans la liste de l'exercice 3.

Quand le travail a été réalisé, les enfants qui le souhaitent peuvent venir présenter leur feuille à la classe et expliquer ce qu'ils ressentent.

On peut égalent photocopier des feuilles en plus et les donner aux enfants, elles peuvent les aider dans leur vie de tous les jours, elles peuvent aussi aider à résoudre des conflits dans la classe.

84 CM1 | CM2

L'Union européenne

EMC L'Europe.

Objectif Connaitre les pays de l'Union européenne.

Compétences
- Utiliser des outils pour construire ses connaissances : atlas, livres de géographie, dictionnaires, encyclopédie, Internet.
- Situer les pays membres de l'Union européenne sur une carte.
- S'approprier certaines de leurs caractéristiques culturelles.

Durée 1 h.

Matériel
- 2 fiches individuelles de travail 84. Fiche élève (1) et 84. Fiche élève (2).
- Corrigé de la fiche élève (2) 84. Corrigé.

Déroulement

Recueil des représentations

Oralement, demander aux élèves ce qu'est l'Union européenne et quels pays en font partie. Noter les propositions au tableau.

Lecture d'une carte

Distribuer une carte de l'Union européenne aux élèves (ou utiliser celle de leur livre de géographie).

Comparer les informations de la carte avec les représentations évoquées par les élèves :
- Repérer les limites géographiques de l'Europe.
- Compter le nombre de pays membres.
- Repérer les pays membres qui n'avaient pas été nommés.

Recherche

Distribuer la première fiche élève.

Par deux, choisir un pays et compléter une fiche de travail grâce aux outils à disposition : atlas, livres de géographie, dictionnaires, encyclopédie, Internet. Veiller à ce que chaque binôme travaille sur un pays différent.

La question sur la situation consiste à colorier le pays choisi sur la carte. Les élèves doivent ensuite dessiner et mettre en couleur le drapeau.

Pour la dernière question (particularités culturelles), les élèves peuvent soit coller une photo, soit faire un dessin.

Mise en commun

Il est préférable de la répartir sur plusieurs mini-séances dans la semaine.

Chaque groupe expose le résultat de ses recherches à l'oral.

Lors d'un échange oral, à l'issue de plusieurs présentations, faire comparer les différents pays en fonction de la taille, du nombre d'habitants (quel est le pays le plus petit, le plus peuplé, combien de pays sont plus grands que la France, etc.).

Élaborer une trace écrite collective, en affichant des feuilles complétées par les élèves.

Trace écrite individuelle

Distribuer la seconde fiche élève, afin d'établir une synthèse des 27 pays membres de l'Union européenne : il s'agit surtout de retenir le nom des 27, leur capitale et leur langue officielle.

Les élèves complètent la feuille individuellement, à l'aide des éléments vus précédemment.

Un corrigé est disponible en annexe.

Prolongement

Faire comparer des paysages européens.

85 CM2

La langue française dans le monde

EMC Communiquer.

Objectif Prendre conscience de la place du français dans le monde.

Compétences – Utiliser un planisphère pour trouver des informations.
– Enrichir son vocabulaire.

Durée 1 h.

Matériel – 2 fiches individuelles de travail 85. Fiche élève (1) 85. Fiche élève (2).
– Corrigé de la fiche élève (1) 85. Corrigé.

Déroulement

Prendre conscience de l'étendue du français dans le monde

Distribuer la première fiche élève.

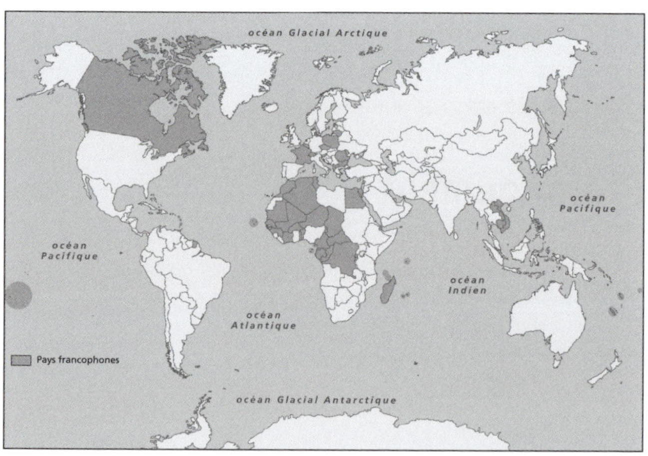

Un corrigé est disponible en annexe.

• Exercice 1 : Les élèves observent la carte et essayent de la comprendre en lisant le titre et la légende. Demander aux élèves d'expliquer *francophone* (qui parle le français).

Ils font ensuite l'exercice en s'aidant éventuellement des cartes de leur livre de géographie pour trouver le nom des territoires.

Il est possible de désigner les iles moins connues : Polynésie française, Guadeloupe, Martinique, Dominique, Wallis et Futuna...

• Exercice 2 : Les élèves lisent le texte et répondent aux questions.

À l'issue de la correction, préciser que les États et gouvernements membres de la Francophonie (l'organisation internationale) ne sont pas tous spécifiquement francophones (par exemple, les iles du Cap-Vert ou la Lituanie, la Pologne, la Slovénie, le République tchèque, etc.).

Ajouter éventuellement que la Francophonie (au sens d'organisation internationale) porte une majuscule.

Prendre conscience des variations du français dans le monde

Distribuer la seconde fiche élève.

• Exercice 1 : Il s'agit d'associer des expressions du Québec à celles utilisées en France métropolitaine. Les élèves doivent établir des rapports entre les mots, les familles de mots ou raisonner par analogie pour trouver les solutions.

Voici les réponses :

– Tiguidou ! : C'est d'accord !
– Un aiguisoir : un taille-crayon.
– Un barbier : un coiffeur.
– Un char : une voiture.
– Une débarbouillette : un gant de toilette.
– La pâte à dents : du dentifrice.
– Magasiner : faire les magasins.

• Exercice 2 : Les élèves s'approprient les nouveaux mots en les utilisant dans un texte.

86 Début ou milieu de CP

Mon école

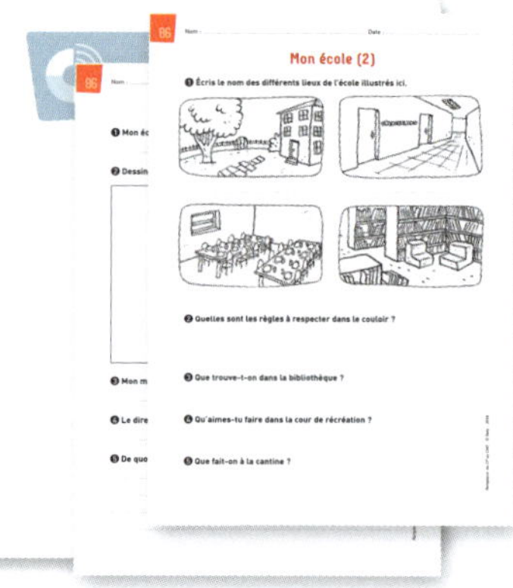

Questionner le monde L'espace.

Objectif Découvrir un espace familier : l'école.

Compétences
– S'approprier les différents lieux de l'école.
– Enrichir le vocabulaire relatif à l'école.

Durée 2 séances de 30 à 45 min.

Matériel 2 fiches individuelles de travail **86.** Fiche élève (1) et **86.** Fiche élève (2).

Première séance

Déroulement

Connaitre son école

Distribuer la première fiche élève. Il s'agit de se faire une première représentation de son école, en répertoriant les informations principales.

• Exercice 1 : Demander aux élèves quel est le nom de leur école. La plupart le connaissent, mais ils ne savent pas toujours l'écrire. Si l'école porte le nom d'une personne célèbre, les élèves recherchent des informations sur cette personne dans un dictionnaire des noms propres ou dans une encyclopédie.

• Exercice 2 : Les élèves dessinent leur école.

• Exercices 3 et 4 : Les élèves écrivent le nom de leur enseignant et du directeur.

• Exercice 5 : Les élèves font oralement la liste du matériel typique d'une salle de classe. Noter leurs propositions au tableau : tables, chaises, tableau, estrade, bureau, cahiers, livres, etc. Les élèves recopient ensuite la liste sur leur cahier.

Seconde séance

Connaitre les différentes parties de l'école

Distribuer la seconde fiche élève. Il s'agit ici de présenter les lieux principaux de l'école et leurs fonctions.

• Exercice 1 : Les élèves nomment les différents lieux représentés sur les images. Ils précisent également à l'oral où se situent ces lieux dans leur propre école. On peut également se déplacer avec la classe dans ces différents lieux pour prendre une photo qui sera comparée avec l'image correspondante.

Éventuellement, leur faire écrire les noms des lieux sous le dessin ou les compléter plus tard pour chaque enfant (cour de récréation, couloir, cantine, bibliothèque).

• Exercices 2, 3, 4 et 5 : Les élèves précisent collectivement les fonctions des différents lieux et la manière dont ils les utilisent. Pour les enfants qui ont des difficultés à écrire, prévoir éventuellement des étiquettes-réponses.

Prolongements

• Prendre des photos de l'école et des différents lieux qui en font partie pour réaliser un imagier.

• Réaliser collectivement une maquette, puis un plan de la classe.

87 CP | CE1

Les paysages français

Questionner le monde L'espace.

Objectif Découvrir une forme usuelle de représentation de l'espace : la photographie.

Compétences
- Décrire un paysage.
- Connaitre les différents paysages français.
- Transposer une photo en dessin.

Durée 45 min.

Matériel
- Documents à imprimer 87. Documents.
- Fiche individuelle de travail 87. Fiche élève.

Déroulement

Recherche

Distribuer la fiche documents. Imprimer au format A3 pour la classe ou pour des petits groupes, ou proposer une feuille par élève :

Les élèves observent les photos. Lors d'un échange oral, ils repèrent les différents types de paysage : la mer, la ville, la montagne, la plaine. Veiller à ce qu'ils expriment le plus possible de mots spécifiques (pour la mer : *côte, eau, bateau, sable, plage*... ; pour la plaine : *champs, routes, vignes, village*... ; pour la montagne : *sommet, vaches, roche, sapins*... ; pour la ville : *maisons, immeubles*...).

Pour garder une trace écrite, on peut leur demander d'écrire sous chaque paysage : *mer, montagne, plaine, ville*.

Trace écrite collective

Il s'agit d'élaborer les éléments constitutifs de chaque paysage.

Distribuer la fiche élève.

• Exercice 1 : Réaliser collectivement une liste sous forme de tableau des différents éléments qui devront ou pourront apparaitre sur chaque paysage à dessiner. S'appuyer sur ce qui a été dit précédemment à partir des photos et enrichir éventuellement le corpus.

Par exemple, on peut ajouter :

– Mer : *vagues, falaises, rochers*...
– Plaine : *vaches, prés, rivière*...
– Montagne : *pentes, alpage, forêt*...
– Ville : *rues, magasins, monuments, grues*...

Trace écrite individuelle

• Exercice 2 : Faire dessiner chaque type de paysage en prenant en compte les recherches précédentes. En fonction du niveau et de la période de l'année, les dessins peuvent être légendés ou non.

Prolongement

Faire analyser des paysages et des milieux qui leur sont associés un par un.

88 Milieu de CE1

La carte de la France

Questionner le monde L'espace.
Objectif Découvrir une forme usuelle de représentation de l'espace : la carte.
Compétences – Utiliser la carte pour trouver des informations.
– Savoir situer les principales villes de France.
– Enrichir le vocabulaire relatif à la météo.
Durée 45 min.
Matériel 2 fiches individuelles de travail
88. Fiche élève (1) et 88. Fiche élève (2).

Déroulement

S'approprier la carte de la France

Distribuer la première fiche élève.

Afficher une photocopie A3 de la carte de France ou une grande carte scolaire, ou encore dessiner la carte de la France au tableau.

• Exercices 1, 2, 3 et 4 : Les élèves se réfèrent à la carte du tableau pour réaliser les tâches demandées avec l'aide de l'enseignant.

Ils nomment et repèrent ainsi leur commune et leur région ; ils situent aussi la capitale, les mers et l'océan. Il est possible également de leur faire repérer les pays limitrophes de la France, en particulier pour les élèves habitant à proximité d'une frontière.

Éventuellement, ajouter oralement le nom et le numéro du département, puis le pointer sur la carte collective.

Lire une carte météorologique

Distribuer la seconde fiche élève.

Les élèves doivent repérer les différentes villes sur la carte, puis indiquer le temps qu'il y fait. Expliquer la légende et les trois termes : nuageux, pluvieux et ensoleillé.

Le repérage des villes peut se faire collectivement ou à l'aide d'une encyclopédie.

Ce travail leur permet ainsi de connaitre les principales villes de la France métropolitaine.

La ville

Questionner le monde : L'espace.

Objectif : Décrire et analyser un milieu familier : la ville.

Compétences :
- Décrire et analyser des éléments du paysage urbain.
- Trier, classer.
- Enrichir le vocabulaire relatif à la ville.

Durée : 45 min.

Matériel : Fiche individuelle de travail 89. Fiche élève.

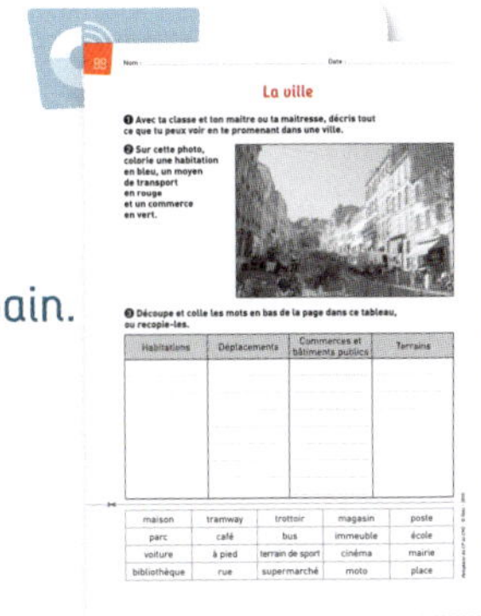
Nom : Date :

La ville

❶ Avec ta classe et ton maître ou ta maîtresse, décris tout ce que tu peux voir en te promenant dans une ville.

❷ Sur cette photo, colorie une habitation en bleu, un moyen de transport en rouge et un commerce en vert.

❸ Découpe et colle les mots en bas de la page dans ce tableau, ou recopie-les.

Habitations	Déplacements	Commerces et bâtiments publics	Terrains

maison	tramway	trottoir	magasin	poste
parc	café	bus	immeuble	école
voiture	à pied	terrain de sport	cinéma	mairie
bibliothèque	rue	supermarché	moto	place

Déroulement

Recueil des représentations

Demander oralement aux élèves de nommer tout ce qu'ils peuvent voir dans une ville. Lister les différentes propositions au tableau.

Lecture d'image

Distribuer la fiche élève.

- Exercice 1 : Confronter la liste faite oralement à la photographie.

Amener les élèves à décrire plus précisément les éléments de la ville en posant des questions : « Que voit-on ? Qu'a-t-on oublié ? Tous les éléments auxquels nous avons pensé sont-ils sur la photographie ? » Etc.

Repérer des fonctions de la ville

- Exercice 2 : Expliciter les termes « habitation », « moyen de transport » et « commerce ». Si possible, projeter la photo ou l'agrandir au format A3 pour une correction collective. Ainsi, plusieurs éléments par catégorie pourront être pointés : maison et immeuble, voiture et vélo, différents commerces, etc.

Classer les fonctions de la ville

- Exercice 3 : Il s'agit d'un travail de classement, afin d'approfondir la connaissance des fonctions de la ville. Préciser que les déplacements concernent à la fois le moyen (voiture, etc.) et le lieu (gare, etc.). On peut faire découper et coller les étiquettes aux élèves plutôt que de faire recopier les mots. La recherche peut s'effectuer en petits groupes.

Voici le tableau complété :

Habitations	Déplacements	Commerces et bâtiments publics	Terrains
maison	voiture	bibliothèque	parc
immeuble	à pied	café	terrain de sport
	tramway	supermarché	place
	rue	magasin	
	trottoir	cinéma	
	bus	école	
	moto	mairie	
		poste	

Prolongement

Proposer un travail sur le déplacement en ville : la sécurité routière.

Les côtes

90 Nom : Date :

Les côtes

❶ Lis le texte et réponds aux questions.

La côte est la ligne de contact entre la mer et la terre. Il existe plusieurs types de côtes. Les côtes sableuses sont très appréciées des touristes en raison des grandes étendues de sable qui longent la mer. Les côtes rocheuses sont composées de roches qui s'avancent dans la mer ou de falaises formées d'une paroi rocheuse très haute descendant à pic dans la mer. Les côtes marécageuses comportent des marais et de la vase.

a) Qu'est-ce qu'une côte ?

b) Combien de types de côtes existe-t-il ?

❷ Sur cette carte de la France, repasse les côtes en bleu et les frontières terrestres en rouge. Écris le nom des mers et de l'océan.

❸ Observe les photos ci-dessous et indique s'il s'agit de côte sablonneuse, de côte à falaise ou de côte rocheuse.

Questionner le monde L'espace.

Objectif Découvrir et décrire un paysage : les côtes.

Compétences – Rechercher des informations dans un texte.
– Utiliser une carte de France.
– Enrichir le vocabulaire spécifique à la géographie.

Durée 45 min.

Matériel Fiche individuelle de travail 90. Fiche élève.

Déroulement

Distribuer la fiche élève.

Les élèves lisent le texte silencieusement, puis un volontaire le lit à voix haute.

Demander aux élèves s'ils sont déjà allés à la mer, s'ils connaissent des villes situées sur une côte et s'ils peuvent décrire les paysages qu'ils ont vus.

Éventuellement, présenter diverses photos de paysages côtiers.

• Exercice 1 : a) Il s'agit ici de donner une définition de « côte », à l'aide ou non du texte lu. Exemple : « rivage de bord de mer ». S'il s'agit de CE1, la définition est élaborée collectivement.

b) Les élèves recherchent la réponse dans le texte. Il y a donc trois types de côtes : sableuse, rocheuse et marécageuse.

Remarque : le troisième type de côte est plus hétérogène, car il peut comprendre les côtes lagunaires, qui se situent elles aussi sur des zones basses et plates. Pour simplifier, nous avons opté pour le terme « marécageuse » (exemple : dans le Cotentin).

• Exercice 2 : Les élèves complètent la carte grâce à une carte murale ou à une carte de leur livre de géographie. Dans le cas des CE1, écrire le nom des mers et de l'océan au tableau. Éventuellement, situer les différents types de côtes sur la carte (oralement).

• Exercice 3 : Les élèves analysent les photographies d'après les informations du texte.

Prolongements

• Proposer un travail sur le tourisme balnéaire.

• Faire comparer les côtes à d'autres grands types de paysages.

91 CE2

Les représentations du monde

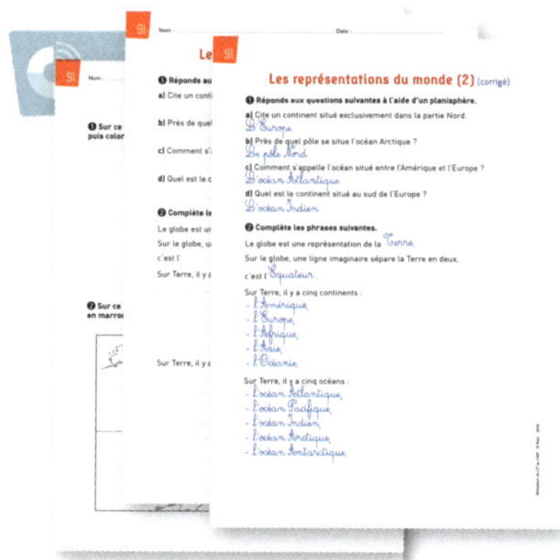

Questionner le monde	L'espace.
Objectif	Découvrir différentes représentations du monde.
Compétences	– Prendre des repères sur un globe terrestre. – Prendre des repères sur un planisphère.
Durée	1 ou 2 séances de 45 min.
Matériel	– 2 fiches individuelles de travail 91. Fiche élève (1) 91. Fiche élève (2). – Corrigé de la fiche élève (2) 91. Corrigé.

Première séance

Déroulement

Découvrir un globe terrestre

Montrer aux élèves un globe terrestre. Si l'école dispose de plusieurs globes, les élèves sont invités à les manipuler par petits groupes.

Ils remarquent les différentes couleurs caractérisant les continents et les océans, et les différentes lignes qui quadrillent le globe. Ils essayent de trouver la France, puis le pôle Nord, le pôle Sud. Montrer l'équateur ainsi que l'hémisphère nord et l'hémisphère sud.

Se repérer sur une représentation du globe terrestre

Distribuer la première fiche élève.

• Exercice 1 : Avec l'aide de l'enseignant, les élèves repèrent l'équateur, les pôles et les deux hémisphères.

Comparer le globe à un planisphère

Il s'agit ici de mettre en rapport le globe avec une autre représentation du monde, le planisphère.

• Exercice 2 : Sur le planisphère, les élèves cherchent les repères qu'ils ont déjà trouvés sur le globe.

À l'aide de leur globe, d'une carte murale ou encore d'un planisphère dans leur livre de géographie, les élèves complètent le nom des continents et des océans et colorient leur carte.

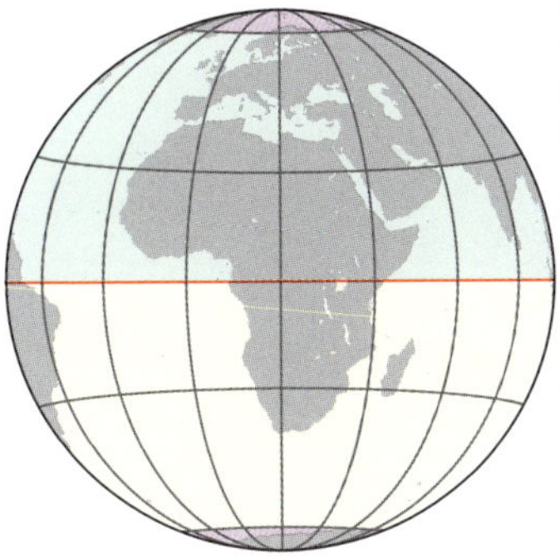

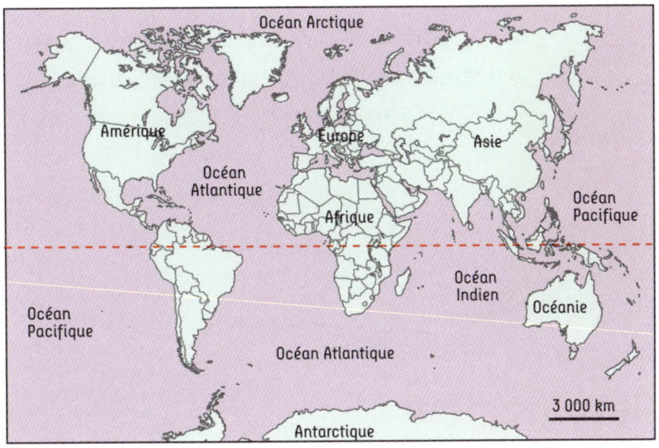

Seconde séance

Déroulement

Entrainement

Distribuer la seconde fiche élève. Il s'agit de renforcer la connaissance du repérage et du lexique rencontrés précédemment.

Un corrigé est disponible en annexe.

• Exercice 1 : Les élèves répondent aux questions en s'aidant du planisphère.

• Exercice 2 : Les élèves complètent le texte à trou à l'aide de leurs connaissances et de ce qui a été vu dans la première séance.

Prolongement

Utiliser un planisphère pour faire étudier la répartition de la population, situer des pays, étudier des climats, etc.

92 CM1

Les régions françaises

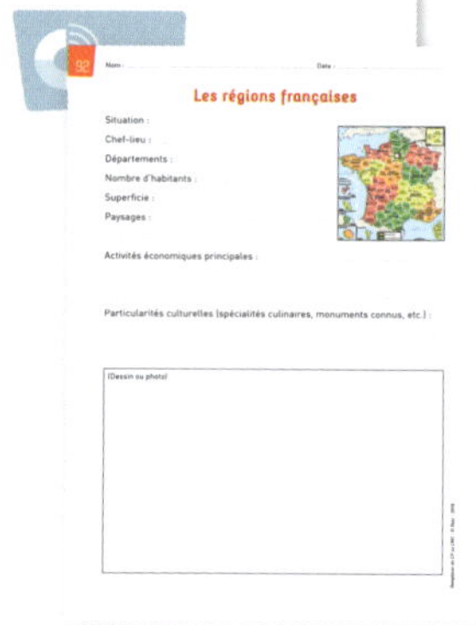

Géographie	L'espace.
Objectif	Connaitre les régions françaises.
Compétences	– Utiliser des outils pour construire ses connaissances : atlas, livres de géographie, dictionnaires, encyclopédie, Internet. – Situer les régions de France sur une carte.
Durée	1 h.
Matériel	Fiche individuelle de travail 92. Fiche élève.

Déroulement

Lecture d'une carte

Afficher au tableau une carte de France avec les 13 régions de France métropolitaine.

Demander aux élèves de :
- compter le nombre de régions ;
- repérer les limites géographiques ;
- repérer la région dans laquelle se situe l'école ;
- repérer la différence entre région et ville.

Faire repérer les DROM sur un planisphère : Guyane, Guadeloupe, Martinique, Mayotte, Réunion. Préciser que ce sont des territoires français considérés à la fois comme département et région.

Recherche

Distribuer la fiche élève.

Par deux, les élèves choisissent une région et complètent la fiche grâce aux outils à disposition : atlas, livres de géographie, dictionnaires, encyclopédie, Internet. (S'assurer qu'une région n'est pas choisie deux fois.)

Pour la dernière question (particularités culturelles), les élèves peuvent soit coller une photo, soit faire un dessin.

On peut aussi leur proposer de coller ou dessiner le logo de la région.

Mise en commun et trace écrite

Il est préférable de la répartir sur plusieurs mini-séances dans la semaine.

Chaque groupe expose le résultat de ses recherches à l'oral.

Lors d'un échange oral, à l'issue de plusieurs présentations, faire comparer les différentes régions en fonction de la taille, du nombre d'habitants. Faire repérer quelles régions sont au bord de la mer ou de l'océan.

Élaborer une trace écrite collective, en affichant des fiches complétées par les élèves.

Prolongement

Faire comparer des paysages.

93 CM1

Consommer un produit alimentaire

Géographie Consommer en France.

Objectif Comprendre que la période de consommation des fruits et légumes a des conséquences.

Compétences – Trouver des informations dans un texte.
– Lire un tableau.

Durée 45 min.

Matériel Fiche individuelle de travail

93. Fiche élève.

93. Calendrier des fruits et légumes de saison.

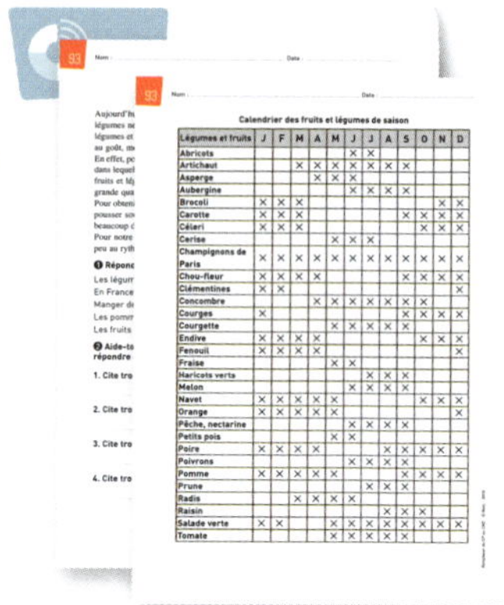

Déroulement

Découverte

Les élèves lisent le texte silencieusement, puis un élève lit le texte à voix haute.

Expliquer les mots difficiles : produit locaux, nocif, acheminer, CO_2, serre, artificiel

Compréhension

• Exercice 1 : Cet exercice permet de s'assurer de la compréhension du texte par les élèves.

L'exercice est réalisé individuellement puis corrigé aussitôt de manière collective.

• Exercice 2 : Découverte du tableau :

Expliquer que les lettres représentent les mois de l'année.

Rappeler les dates des saisons. On peut faire colorier les mois de l'année dans le tableau en fonction des saisons, mais il faut expliquer aux élèves qu'on « arrondit », étant donné que les saisons ne sont pas calées sur les mois. On peut aussi décider de colorier les cases concernées de deux couleur (mars, juin, septembre, décembre).

Avril Mai Juin : printemps vert.

Juillet Août Septembre : été rouge.

Octobre Novembre Décembre : automne marron.

Janvier Février Mars : hiver bleu.

Lire le nom des légumes et des fruits avec les élèves et s'assurer de la compréhension. Il est possible que les enfants ne connaissent pas certains légumes.

Les élèves se mettent ensuite par deux pour réaliser le travail demandé. L'enseignant est disponible pour aider les binômes.

Mise en commun

Une mise en commun des idées de repas est prévue à la fin du travail.

On peut réaliser une affiche commune qui sera recopiée à l'ordinateur puis photocopiée pour chaque enfant.

Prolongement

On peut prolonger cette séance en travaillant de manière plus spécifique sur le transport des aliments, sur le gaspillage, sur la différence entre agriculture raisonnée et agriculture intensive.

94 CM2

Se déplacer au quotidien

Géographie Se déplacer.

Objectif Connaitre les moyens de transports utilisés par les habitants dans leur quotidien.

Compétences
- Trouver des informations dans un texte.
- Comparer les différents moyens de transport selon des critères différents.

Durée 45 min.

Matériel Fiche individuelle de travail

94. Fiche élève.

94

Se déplacer au quotidien (corrigé)

Les Français ont de nombreuses activités quotidiennes : l'école, les courses, le travail, les loisirs. Pour s'y rendre, ils utilisent différents moyens de transport.
Certains prennent leur voiture, qui permet de partir exactement quand on veut et d'arriver exactement où on veut. Elle est également pratique pour transporter des charges lourdes. Mais c'est un moyen de transport cher et polluant. Il est parfois difficile de se garer dans les grandes villes, et il faut avoir de la patience dans les embouteillages.
D'autres préfèrent le vélo ou la trottinette, ce sont des moyens de transport pratiques pour des trajets courts, et même bons pour la santé. Cependant, il ne sont pas adaptés à des longues distances et plutôt désagréables en cas de pluie.
Enfin, d'autres français préfèrent les transports en communs, plus écologiques et moins chers que la voiture. Il s'agit des bus, métro, tramways, TER. Les trajets sont parfois inconfortables quand ces moyens de transport sont surchargés. Il faut également se plier à leurs horaires.

1 Toutes ces personnes se sont déplacées, à ton avis pour quelle activité ? Écris en dessous de chaque image un des mots suivants : loisir, école, travail, courses.

école — travail — courses

loisir — loisir — loisir

Déroulement

Découverte

Les élèves lisent le texte silencieusement, puis un élève lit le texte à voix haute. Les mots difficiles sont expliqués (loisir, TER, métro, tramway) :

> Les Français ont de nombreuses activités quotidiennes : l'école, les courses, le travail, les loisirs. Pour s'y rendre, ils utilisent différents moyens de transport.
>
> Certains prennent leur voiture, qui permet de partir exactement quand on veut et d'arriver exactement où on veut. Elle est également pratique pour transporter des charges lourdes. Mais c'est un moyen de transport cher et polluant. Il est parfois difficile de se garer dans les grandes villes, et il faut avoir de la patience dans les embouteillages.
>
> D'autres préfèrent le vélo ou la trottinette, ce sont des moyens de transport pratiques pour des trajets courts, et même bons pour la santé. Cependant, il ne sont pas adaptés à des longues distances et plutôt désagréables en cas de pluie.

Enfin, d'autres français préfèrent les transports en communs, plus écologiques et moins chers que la voiture. Il s'agit des bus, métro, tramways, TER. Les trajets sont parfois inconfortables quand ces moyens de transport sont surchargés. Il faut également se plier à leurs horaires.

Compréhension

• Exercice 1 : Les élèves classent les activités.

• Exercice 2 : Chaque élève écrit sur un morceau de papier quel est son moyen de transport pour se rendre à l'école. Les feuilles sont collectées par un élève.

Au tableau, l'enseignant écrit les différents moyens de transport possibles. Ensuite, deux élèves réalisent le dépouillement, en traçant un trait devant chaque moyen de transport dès qu'il apparait sur une feuille. À la fin, il n'y a plus qu'à compter les traits pour chaque moyen de transport.

Cet exercice peut donner lieu à une discussion sur les particularités locales. Il est important que cette séance de géographie renvoie l'enfant à son quotidien et à celui de son lieu de vie en particulier, tout en l'ouvrant aux autres espaces français.

• Exercice 3 : Les élèves recherchent des informations dans le texte. Il permet aux élèves de prendre conscience que tous les moyens de transport ont des bons et des mauvais côtés.

• Exercice 4 : Les élèves classent les moyens de transport. Cet exercice insiste sur l'aspect écologique. Il faut expliquer que les transports en commun sont plus écologiques, non pas parce qu'ils polluent moins mais parce qu'ils transportent plus de personnes.

On peut donner un exemple aux élèves :

Pour transporter 600 personnes, il faut 600 voitures ou 12 bus ou 1 train.

• Exercice 5 : On peut utiliser cet exercice pour vérifier que les élèves ont bien compris. On peut également leur donner la possibilité de se référer au texte s'ils n'ont pas mémorisé les informations.

95 CP | CE1

Jeux avec les sons

Enseignements artistiques	Éducation musicale.
Objectif	Écouter, ressentir et produire des sons.
Compétences	– S'exprimer avec son corps. – Associer un son à l'instrument ou l'objet qui l'a produit.
Durée	10 à 20 min par jeu.

Déroulement

Remarque : Ces jeux sont à répartir sur plusieurs séances. Commencer cependant à chaque fois par la préparation corporelle.

Préparation corporelle

Demander aux élèves de :
- se mettre debout ;
- s'étirer ;
- bâiller ;
- se masser les joues, le front, le nez, le menton ;
- faire tourner les épaules dans un sens puis dans l'autre ;
- faire oui avec la tête, faire non avec la tête (sans forcer) ;
- se tenir droit, les épaules relâchées, les genoux non bloqués.

Prendre conscience des vibrations du son dans son corps

Choisir une comptine très simple connue des élèves (par exemple, *Frère Jacques*) et faire fredonner la mélodie bouche fermée, sans chanter les paroles : « mmmm ».

En même temps, faire sentir les vibrations du son en demandant aux élèves de poser les mains sur différentes parties du corps : les joues, le menton, le nez, le front, la poitrine.

Percussions corporelles

Rechercher avec les élèves des moyens de produire des sons avec son corps :
- frapper dans les mains ;
- frotter les mains ;

– frapper seulement deux doigts ;
– claquer des doigts ;
– frapper ses jambes ;
– taper du pied ;
– etc.

Jeu de Kim

Présenter plusieurs sons aux élèves : bruit de clés, papier ou plastique froissé, instruments de musique...

Se cacher derrière un carton (ou un classeur ouvert) et produire un des sons présentés. Les élèves doivent deviner quel instrument ou objet a été utilisé. Ensuite, un élève prend la place de l'enseignant.

96 Du CP au CM2

Jeux vocaux

Enseignements artistiques	Éducation musicale.
Objectif	Travailler sa voix en jouant sur l'intensité, la prononciation, la durée, le timbre et la hauteur.
Compétences	– Chanter. – Articuler. – Respecter un rythme.
Durée	10 à 20 min par jeu.

Déroulement

Remarque : Ces jeux sont à répartir sur plusieurs séances. Commencer cependant à chaque fois par la préparation corporelle (voir p. 210).

Travailler la prononciation et l'intensité

Faire répéter aux élèves les phrases d'une comptine simple en jouant sur l'intensité : plus fort, moins fort.

Quand la comptine est bien connue des élèves, faire remplacer toutes les voyelles de la comptine par une seule voyelle.

Exemple avec *Frère Jacques* :

Frara Jacqua (bis)
Darma va ? (bis)
Sanna la matana ! (bis)
Dang dang dang ! (bis)

Travailler la durée

Choisir une phrase extraite d'une comptine ou inventée.

Inviter les élèves à dire cette phrase en faisant durer certaines syllabes plus que d'autres.

Exemple :

« J'ai envie d'un bon déjeuner. »

« J'ai enviiiiiiiiiiiiiiiiiiiiiiiiiiiiiiiiiiiiiie d'un bonnnnnnnnnnn déééééééééééééééé-jeuner. »

Travailler le timbre

Choisir une phrase extraite d'une comptine ou inventée.

Inviter les élèves à dire cette phrase en prenant la voix de différents personnages, puis à dire la phrase en exprimant différents sentiments.

Exemple :

« Où êtes-vous, M. le Loup ? »

Différents personnages disent la phrase : une petite souris (avec une voix fluette), un ogre (avec une grosse voix), une grand-mère (avec une voix chevrotante), un enfant de maternelle (avec une voix douce ou aiguë), etc.

Puis faire prononcer la phrase avec des sentiments différents : ravi, en colère, apeuré, méfiant, surpris, triste, moqueur, etc.

Travailler la hauteur

Choisir un nom d'animal et inviter les élèves à le dire avec différentes hauteurs (grave, aigu). Faire varier la hauteur d'abord sur tout le mot, puis sur chaque syllabe à l'intérieur du mot.

Travailler l'intensité, la durée, le timbre et la hauteur

Demander aux élèves de prononcer un mot de plusieurs façons en fonction de la manière dont il est écrit au tableau : très gros, gros au début puis plus petit, bien ou mal écrit, avec une syllabe écrite plus basse que l'autre, etc.

Du CE1 au CM2

97 Pierre et le Loup de Serge Prokofiev

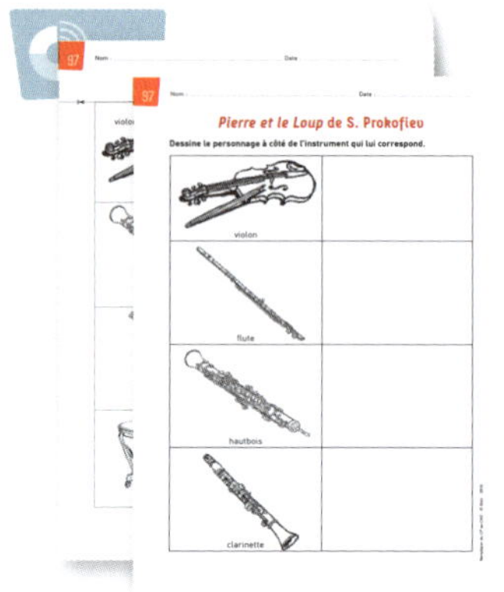

Enseignements artistiques Éducation musicale.

Objectif Découvrir un conte musical.

Compétences
- Connaitre le timbre des instruments du conte : flute, hautbois, clarinette, basson, cor, violon, timbales, grosse caisse.
- Reconnaitre le thème de chaque personnage.
- Chanter la mélodie.

Durée 6 séances de 30 min.

Matériel
- Étiquettes-images *Pierre et le Loup* pour un usage collectif 88. Étiquettes-images.
- Fiche individuelle de travail 88. Fiche élève.

Déroulement

Remarques générales

Il existe plusieurs versions de ce conte, présentées sous forme d'un livre accompagné d'un CD. La bibliothèque de l'école en possède peut-être une.

Afin de donner le temps aux élèves d'assimiler les nombreux instruments et thèmes de ce conte, il sera travaillé en plusieurs parties :

- Épisode 1 : La promenade de Pierre et de l'oiseau.
- Épisode 2 : L'arrivée du canard et du chat.
- Épisode 3 : L'arrivée du grand-père.
- Épisode 4 : L'arrivée du loup ; le loup mange le canard.
- Épisode 5 : Pierre et l'oiseau attrapent le loup.
- Épisode 6 : L'arrivée des chasseurs et le triomphe de Pierre.

Chaque séance correspond à un épisode.

Découverte des instruments

Faire écouter la présentation des personnages.

Montrer les étiquettes-images des instruments.

Voici les personnages : Pierre : violon ; oiseau : flute ; canard : hautbois ; chat : clarinette ; grand-père : basson ; loup : cor ; chasseurs : grosse caisse et timbales.

Demander aux élèves pourquoi, selon eux, ces instruments ont été choisis pour ces personnages. Il n'y a, bien sûr, pas de réponse « juste » à cette question, elle vise simplement à faire travailler l'imagination des élèves. Ainsi, la flute peut faire penser au sifflement d'un oiseau ; par ailleurs, c'est un instrument à vent qui rappelle le côté aérien de l'oiseau. Le cor est un instrument grave qui peut engendrer une musique inquiétante. La grosse caisse et les timbales font penser aux coups de fusils des chasseurs...

Travail sur chaque épisode (6 séances)

Écoute de l'épisode

• Épisode 1 : Demander aux élèves de fermer les yeux et d'imaginer la promenade de Pierre. Ils racontent ensuite ce qu'ils ont imaginé.

• Épisode 2 :

– Dispute entre l'oiseau et le canard : faire reconnaitre la superposition et l'alternance de la flute et du hautbois.

– Démarche du chat : faire mimer le mouvement léger des pattes du chat avec les mains sur la musique.

• Épisode 3 : Il s'agit de la démarche lente du grand-père. Faire remarquer le rythme lent et marqué du basson. On peut faire mimer la démarche du grand-père sur la musique.

• Épisode 4 :

– Le chat se sauve. Faire repérer l'accélération du rythme, le changement de hauteur (de plus en plus aigu) de la clarinette. Demander aux élèves de monter leurs mains vers le haut, sur la musique, pour montrer le mouvement du chat qui grimpe dans l'arbre.

– Le canard se sauve. Faire repérer ici aussi l'accélération du rythme. Faire remarquer la disparition brutale du hautbois quand le canard est mangé.

• Épisode 5 : Le loup essaie d'attraper l'oiseau avec sa gueule. Faire repérer le rythme saccadé des cors.

• Épisode 6 : Préciser que, sur ce triomphe de Pierre, tous les instruments jouent le thème de Pierre.

Garder une trace écrite de l'épisode

Après l'écoute d'un épisode, compléter la fiche élève sur les instruments et les personnages. Il est possible de réaliser un panneau collectif pour la classe.

• Épisode 1 : Pierre et l'oiseau.

• Épisode 2 : le canard et le chat.

- Épisode 3 : le grand-père.
- Épisode 4 : le loup.
- Épisode 5 : pas de nouveau personnage.
- Épisode 6 : les chasseurs.

S'entrainer après chaque épisode

- Mimer la manière de jouer d'un instrument quand on l'entend.
- Proposer un jeu sur les instruments. Utiliser les étiquettes-images (si possible, les photocopier ou les coller sur du papier épais pour les rendre plus solides). Distribuer des cartes avec les violons à la moitié de la classe et des cartes avec les flutes à l'autre moitié. Les élèves doivent lever leur instrument quand ils l'entendent.

Refaire le même jeu avec d'autres instruments.

- Pour les CE1-CE2 : faire écrire le nom de l'instrument sur l'ardoise quand on l'entend.
- Pour les CM1-CM2 : les enfants sont répartis par groupe ; à chaque groupe est attribué un instrument, les élèves doivent se lever quand ils entendent leur instrument.

Travailler sur les thèmes musicaux

Faire chanter le thème (la mélodie) de chaque personnage aux enfants sur « *la la la* ».

Réaliser un portrait

Enseignements artistiques	Arts plastiques.
Objectif	Réaliser un portrait en buste.
Compétences	– Comprendre la notion de portrait. – Découvrir les rapports de proportion entre les différentes parties du visage.
Durée	2 séances de 45 min.
Matériel	– Feuilles A4 ; – crayon à papier et gomme ; – crayons de couleur ; – feutres noirs.

Première séance

Déroulement

Découverte de la notion de portrait

Demander aux élèves : « Comment représenter un personnage ? Comment exprimer son caractère, ses sentiments ? »

On peut présenter aux élèves des portraits réalisés par Matisse, Courbet, Picasso...

Préparation (1) : expression des sentiments

Il s'agit de réfléchir à la façon de construire un portrait.

Lister au tableau tous les éléments à représenter pour réaliser un portrait en buste : cheveux, sourcils, yeux, oreilles, nez, bouche, cou, épaules.

Relire la liste et chercher comment certaines parties du corps peuvent exprimer des sentiments, des émotions ou un caractère :

– Cheveux : bien coiffés pour une personne sage ou soignée ; décoiffés pour une personne mal réveillée ou négligée ; longs pour une femme coquette, courts pour une femme dynamique...

– Sourcils : froncés (colère, agacement) ; levés (étonnement)...

– Yeux : grands ouverts (étonnement, peur), plissés (fatigue, incompréhension), fermés (sommeil, repos)...

– Bouche : souriante, crispée, coins levés ou baissés...

Préparation (2) : des proportions à respecter

Donner aux élèves quelques repères proportionnels pour réussir son portrait (voir dessins ci-dessous). Ces repères, qui vont à l'encontre des représentations courantes, peuvent être constatés sur les portraits d'artistes ou sur les visages des élèves de la classe eux-mêmes.

1) Le visage est ovale. (Le visage n'est pas rond.)

2) Les yeux sont sur une ligne imaginaire au milieu du visage. (Les yeux ne sont pas « en haut » !)

Les yeux sont grands. Il y a la place pour un œil entre les deux yeux.

3) Les cheveux ne sont pas « plantés » au-dessus de l'ovale du visage, mais en font partie.

4) On peut descendre des lignes imaginaires depuis les pupilles des deux yeux, elles donneront la largeur de la bouche. (Le nez se situera au milieu.)

5) Les épaules sont bien plus larges que le visage.

Réalisation d'un portrait au crayon à papier

Donner cette consigne :

« Vous allez réaliser le portrait en buste d'un personnage imaginaire. Il pourra avoir les sentiments que vous souhaitez : joyeux, triste, content, en colère, étonné... Vous devez représenter toutes les parties du corps que nous avons écrites au tableau. Vous devez respecter les proportions du visage. »

Chacun construit les lignes de son portrait au crayon à papier en respectant les proportions. Veiller à une bonne utilisation de l'espace de la feuille : l'ovale du visage doit être assez grand.

Avec les CP et les CE1, la phase de construction « mathématique » peut être réalisée pas à pas tous ensemble.

Seconde séance

Déroulement

Mise en couleurs

Privilégier une mise en couleurs aux crayons de couleur.

Le fond doit être colorié également.

On peut repasser les contours en noir pour renforcer l'expression des personnages.

Mise en commun

Faire observer tous les travaux. Faire repérer ceux qui sont animés de sentiments identiques ou de sentiments opposés. Demander aux enfants de comprendre comment ces sentiments sont exprimés.

Prolongements

Proposer aux élèves de réaliser :

- un autoportrait ;
- le portrait d'un camarade ;
- des portraits avec d'autres techniques : peinture, craie, découpage...

99 Du CP au CM2

La main transformée

Enseignements artistiques	Arts plastiques.
Objectif	Transformer une image.
Compétences	– Développer son imagination. – Échanger, partager des idées, des impressions.
Durée	45 min.
Matériel	– Feuilles A4 ; – crayons de couleur ou feutres.

Déroulement

Introduction à la notion de transformation d'image

Faire venir un élève au tableau et tracer le contour de sa main à la craie : exagérer les proportions afin que le dessin soit visible par toute la classe.

Demander aux élèves d'interpréter la forme obtenue comme on le fait parfois avec les nuages : « À quoi leur fait penser le contour de cette main ? En quoi pourrait-on le transformer ? »

(Réponses attendues : en arbre, en monstre, en paysage de montagne, en chemin, en lac...).

Réalisation du travail

Les élèves disposent d'une feuille A4.

Ils font le contour de leur main au crayon à papier. La feuille peut ensuite être tournée afin d'avoir une autre vue du contour.

À partir de ce contour, chaque élève doit recréer une image.

Mise en commun

Faire observer les travaux de chacun.

Mettre en évidence les différences et la richesse des transformations.

Prolongements

- Proposer une transformation d'images à partir de photos de monuments.
- Proposer une transformation d'images à partir d'œuvres d'art.
- Proposer un travail sur les mains à partir d'ombres chinoises.

Les papiers déchirés

Enseignements artistiques	Arts plastiques.
Objectif	Réaliser un collage.
Compétences	– Développer son imagination. – Échanger, partager des idées, des impressions.
Durée	45 min.
Matériel	– Feuilles blanches A4 ; – feuilles de couleur ou magazines ; – colle.

Déroulement

Introduction à la notion de collage

Demander aux élèves comment représenter un paysage.

Leur demander quelles techniques différentes ils connaissent pour réaliser un tel travail (crayons de couleur, peinture, etc.).

Annoncer aux élèves qu'ils vont devoir composer leur paysage sans avoir le droit de tracer, de dessiner, de peindre.

Donner cette consigne : « Inventez un paysage en collant des petits morceaux de papier déchiré. »

Préparation du travail

Chaque élève choisit un type de paysage à représenter : montagne, forêt, champs, mer, etc. Ou imposer un thème en rapport avec une autre discipline (par exemple, les côtes, en lien avec la géographie).

Il est possible de le schématiser rapidement au crayon.

Réalisation du travail

Les élèves ont à disposition des feuilles de couleur.

Pour éviter que trop de papier soit gâché :

– Prévoir des petites feuilles en découpant des feuilles A4 en quatre.

– Chaque élève n'aura pas plus de trois feuilles de couleur en même temps sur sa table. Pour changer de couleur, l'élève doit rapporter sa feuille entamée et l'échanger contre une autre.

– On peut remplacer les feuilles de couleur par des magazines.

Ils déchirent des petits morceaux de papier et les disposent sur une feuille format A4 pour composer un paysage.

Mise en commun

Faire observer les travaux de chacun.

Demander de regrouper ceux qui représentent le même type de paysage.

Inviter les élèves à verbaliser la technique du collage, la manière dont les images sont créées à partir de morceaux de papier informes.

Prolongements

- Faire réaliser des paysages avec d'autres techniques.
- Présenter des collages de Matisse. Faire réaliser sur ce modèle d'autres collages à partir de papiers découpés.

Bibliographie et sitographie sélectives

Textes et sites officiels

BO spécial n° 11 du 26 novembre 2015.
http://eduscol.education.fr/
http://www.education.gouv.fr/
http://www.educnet.education.fr/
http://www.cndp.fr/

Ouvrages scolaires

Ammirati Ch., Gagnayre R., *Porter secours, Guide de l'enseignant*, Maloine.
Bellanger F., *Questionner le monde : l'espace* et *le temps* (CP-CE1), Retz.
(Et les autres ouvrages de la collection « Fiches Ressources ».)
Charnay R., Douaire J., Guillaume J.-C., Valentin D., *Apprentissages numériques et résolution de problèmes* (du CP au CM2), Hatier.
Gratian M., Mateu I., Morvan M., Morvan Y., *J'apprends les sciences par l'expérience : Le monde du vivant, Le corps humain et la santé, L'environnement*, Belin.
Gratian M., Mateu I., Morvan M., Morvan Y., *J'apprends les sciences par l'expérience : Le ciel et la Terre, Le monde construit par l'Homme, La matière*, Belin.
Lambin J.-M., *La Préhistoire*, Hachette éducation.
Lambin J.-M., *L'Antiquité*, Hachette éducation.
Lambin J.-M., *Le Moyen Âge*, Hachette éducation.
Lambin J.-M., *Les Temps modernes*, Hachette éducation.
Lambin J.-M., *Le XIXe siècle*, Hachette éducation.
Marchois C., *Domino & Co.* (niveaux 1 et 2), Didier.
Marchois C., Vassilieff M., *Lilli Marzipan, Méthode d'allemand pour l'école primaire* (niveaux 1 et 2), Didier.

Et aussi

Les plus belles comptines allemandes, Didier Jeunesse.
Les plus belles comptines anglaises, Didier Jeunesse.

Présentation des ressources numériques

Télécharger l'application (voir page 2 de couverture)
Ou installer le CD-Rom

Sur PC : Insérer le disque dans votre lecteur. L'installation se lance automatiquement. Si ce n'est pas le cas, aller dans « Poste de travail » (menu « Démarrer »), cliquer sur le fichier « Remplacer_CP_CM2.exe » et suivre les étapes d'installation jusqu'à la fin. Une icône s'affiche alors sur le « Bureau » : double cliquer dessus pour lancer le CD.

Sur Mac : Insérer le disque dans votre lecteur et double cliquer sur l'icône pour l'ouvrir. Double cliquer sur « Remplacer_CP_CM2.dmg » puis glisser l'application dans le dossier « Applications ». Aller dans le dossier « Applications » et double cliquer sur « Remplacer_CP_CM2_Retz.app ».

Sur Linux : Insérer le disque dans votre lecteur et double cliquer sur « Remplacer_CP_CM2_linus64.tar.gz » puis décompresser le dossier. Double cliquer sur l'application pour l'ouvrir.

L'insertion du CD n'est plus nécessaire une fois l'application installée sur l'ordinateur.

Configuration requises

PC : Windows XP, 7, 8, 10
Mac : IOS 10.6, 10.7, 10.8, 10.9, 10.10, 10.11, 10.12, 10.13, 10.14
Linux : Ubuntu 16.04 – 64 bits
Flash Player 11
Internet Explorer, Firefox, Chrome, Safari, Opera toutes versions, Acrobat Reader

Naviguer dans l'application

Cliquer sur le logo pour accéder au site des Éditions Retz.

Cliquer sur le thème souhaité pour accéder aux ressources associées.

Cliquer sur le bandeau supérieur pour retourner à l'écran d'accueil.

Le nom du thème sélectionné s'affiche en rouge.

Cliquer sur ces boutons pour accéder directement aux autres thèmes, sans repasser par l'écran d'accueil.

L'ensemble des ressources associées aux séquences s'affiche dans la partie droite de l'écran.

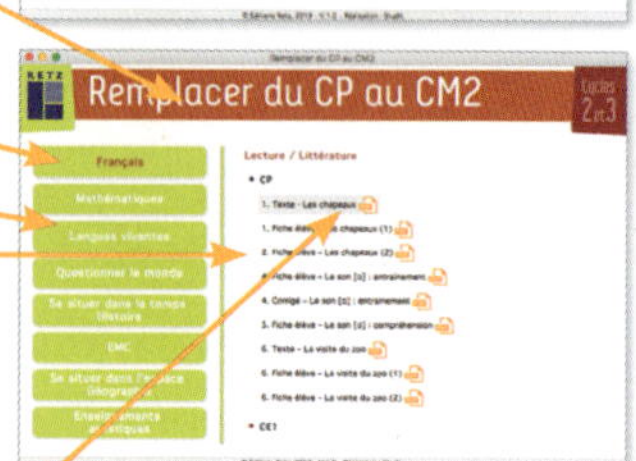

Afficher les fichiers PDF

Cliquer sur le nom du document que l'on souhaite visionner, imprimer ou vidéo-projeter...

... le document s'affiche dans une nouvelle fenêtre.

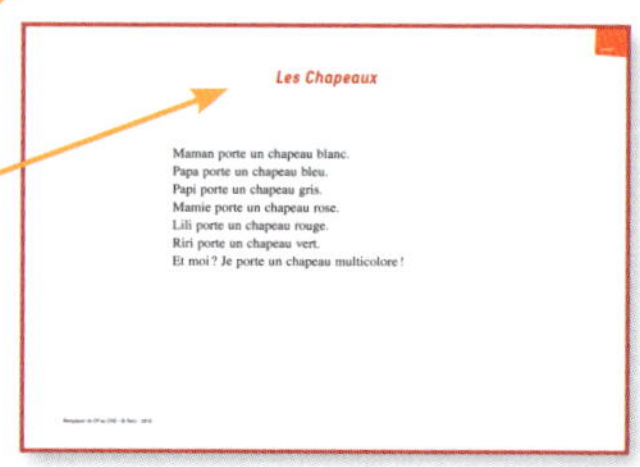